社区矫正对象心理矫治自助读本
社区矫正工作参考用书

中国社区矫正对象心理矫治教程

叶扬 / 著

ZHONGGUO SHEQU JIAOZHENG DUIXIANG
XINLI JIAOZHI JIAOCHENG

中国法制出版社
CHINA LEGAL PUBLISHING HOUSE

前言

Preface

社区矫正是我国刑罚执行制度的重大改革，其正在迅猛发展。虽然监禁与非监禁矫正的监管环境不同，矫正对象的行为表现各异，但是，其内在的思想、心理和行为转化的基本规律却是相同的。新中国监狱改造罪犯的基本规律和基本原理，是开展社区矫正工作不可或缺的文化底蕴。基于这种观点，本书整合了普通心理矫治知识、罪犯心理矫治理论与技术的有益内核、社区矫正对象自身心理矫治的实践和探索成果等。

本书的基本内容是：第一章介绍了我国社区矫正对象心理矫治的概念、任务、体系和方式；第二章介绍了目前常用的心理测试方法；第三章介绍了心理矫治工作中常用的精神分析、行为主义、人本主义和认知心理学等知识；第四章至第六章分别介绍了心理通道理论与技术、心理平衡技术和心理书画艺术治疗等具有中国特色的治疗技术；第七章以心理矫治的实践和探索为基础，介绍了社区矫正对象心理矫治过程的阶段划分和矫治办法；第八章介绍了社区矫正对象矫治犯罪心理和犯罪恶习的步骤和方法；第九章对不同犯罪性质社区矫正对象有针对性的心理矫治进行了分析；第十章对社区矫正对象常见的适应不良和心理压力等心理问题的调节，以及黄赌毒行为的预防进行了分析。本书力求做到理论联系实际，通俗易懂，内容全面，方法齐全，雅俗共赏。

本书可作为社区矫正对象的自助读本，也可以作为社区矫正工作者学习或培训的参考教材，对有志于社区矫正对象心理矫治的研究者，亦可作为参考资料。

叶　扬

2021年11月15日

目录

Contents

第一章

概　论

第一节　中国社区矫正对象心理矫治概述

一、中国社区矫正

（一）中国社区矫正概念

中国社区矫正是指我国从2003年开始试点实行的非监禁刑罚执行活动，是将符合法定条件的矫正对象置于社区内，在专门的国家机关以及在相关社会团体、民间组织和社会志愿者的帮助下，在判决、裁定或决定确定的期限内，矫正其犯罪心理和行为恶习，促进其顺利回归社会的非监禁刑罚执行活动。

（二）社区矫正与监禁矫正的关系

两者是有严格区别的，主要有以下四个方面：

1.矫正环境不同。监禁矫正是在监狱环境中进行的，它以剥夺罪犯的人身自由为前提。社区矫正是将矫正对象放在社区，其人身有一定的自由。

2.管理主体不同。监禁矫正的管理主体是监狱人民警察。社区矫正的管理主体是县级以上地方人民政府根据需要设置的社区矫正机构及其工作人员，负责社区矫正工作的具体实施。

3.矫正对象不同。监禁矫正的对象主要是依法判处有期徒刑、无期徒刑、死刑缓期执行的服刑人员。社区矫正的对象主要是管制、缓刑、假释和暂予监外执行，且在社会上服刑的人员等。

4. 矫正方式不同。监禁矫正主要是通过狱内管理、采取“三课”教育、辅助教育、心理矫治、生产劳动等方式。社区矫正则依托并充分利用社区资源对矫正对象实施教育矫正，无论在社会力量介入的深度、广度还是形式的多样性上，都是监禁矫正所无法实现的。

社区矫正对象与监狱关押对象又是有联系的：

（1）社区矫正对象中的假释和监外执行中的保外就医人员原先就是在监狱服刑的。

（2）无论是社区矫正对象还是监狱关押对象大都在看守所关押过，而看守所就是我国监狱法规定的监狱的一种。

（3）刑种、刑期和服刑场所不同，因此，表层的心理和行为特点有所区别。

（三）社区矫正对象

1. 被人民法院依法判处管制的罪犯。

2. 被人民法院宣告缓刑的罪犯。

3. 被人民法院依法裁定假释的罪犯。

4. 经人民法院或监狱管理机关批准予监外执行的罪犯，包括：有严重疾病需要保外就医的罪犯；怀孕或正在哺乳自己婴儿的妇女；生活不能自理，适用暂予监外执行不致再危害社会的人员；等等。

（四）社区矫正人员称谓

1.《中华人民共和国社区矫正法》第二条规定：对被判处管制、宣告缓刑、假释和暂予监外执行的罪犯，依法实行社区矫正。

2.《中华人民共和国社区矫正法》第十九条规定：社区矫正决定机关应当对社区矫正对象进行教育，告知其在社区矫正期间应当遵守的规定以及违反规定的法律后果，责令其按时报到。

在这里将被判处管制、宣告缓刑、裁定假释、决定或者批准暂予监外执行的一类人员统称为社区矫正对象，因此本书统一使用社区矫正对象称谓。

（五）中国社区矫正工作的形成和发展

2003年，最高人民法院、最高人民检察院、公安部、司法部（以下简称“两院两部”）联合下发通知，决定开展社区矫正试点工作，并确定北京等6省市为首批试点地区。2005年“两院两部”联合发文，将试点范围扩大到18个省区市。

2006年，党的十六届六中全会作出的《中共中央关于构建社会主义和谐社会若干重大问题的决定》明确要求，实施宽严相济的刑事司法政策，积极推行社区矫正。

2008年12月，《中央政法委员会关于深化司法体制和工作机制改革若干问题的意见》，明确要求推进社区矫正立法工作。司法部在深入调查研究基础上提出了全面试行社区矫正工作的意见。

2009年10月，“两院两部”召开全国社区矫正工作会议，对全面试行社区矫正工作作出部署。2011年2月，十一届全国人大常委会第十九次会议审议通过的《中华人民共和国刑法修正案（八）》规定，对被判处管制、缓刑以及假释的犯罪分子依法实行社区矫正。

2012年1月，司法部会同最高人民法院、最高人民检察院、公安部联合制定了《社区矫正实施办法》，对社区矫正执行体制、执行程序、矫正措施、法律监督等主要问题作出规定，为社区矫正工作在全国依法顺利开展提供了制度保证。

2012年3月，十一届全国人大五次会议通过的关于修改刑事诉讼法的决定，对社区矫正制度又作出了进一步规定。

2020年7月1日，《中华人民共和国社区矫正法》正式施行，这项工作进入一个新的里程碑。

目前，社区矫正工作已在全国各省区市全面开展，社区矫正对象数量不断增加。社区矫正工作质量不断提高。对那些主观恶性和社会危害性不大的人员不予收监关押，在社会上依法实行社区矫正，有利于从源头上遏制、减少违法犯罪。通过综合运用社会力量对社区矫正对象进行教育和帮扶，丰富监管手段和方式，提高了教育效果。绝大多数社区矫正对象能够认真接受矫正，遵纪守法意识和社会责任感明显增强，社区矫正对象在矫正期间的重新犯罪率一直保持着比较低的水平。

（六）中国社区矫正工作实践

根据实际调查研究，以在大湾区腹地的广东省佛山市社区矫正工作实践为样本，分析目前社区矫正工作的基本模式，又称为“中国社区矫正工作的佛山模式”，简称“佛山模式”。

1.佛山模式概括：

组织有力、信息畅通、科学管教、打造精品。

2.佛山模式板块之一：组织有力。

全市建立了系统的、强有力的组织机构和指挥中心、分中心；创建部门联动机制，健全基层工作网络；完善功能配置。比如，佛山市南海区整体推进“1+7”社区矫正中心场所建设，建立健全社区矫正中心（分中心）报到登记室、心理矫治室、矫正宣告室、训诫谈话室、监控指挥室、教育培训室、警务检察室、档案资料室、视频会见室等场所，保障社区矫正工作有严肃、规范的执法监管场所。

3.佛山模式板块之二：信息畅通。

建立信息管理系统，实现智慧矫正、精准矫正。2011年8月11日，司法部网站报道：广东省佛山市司法局在市委、市政府的支持下，投资90多万元建成覆盖全市的社区矫正信息监管系统，于近期在全市正式启动运行，并出台《佛山市社区矫正信息监管系统管理规定（试行）》。该系统集电子地图、定位手机终端、电子栅栏等多项管理手段为一体，具备完善的社区矫正对象电子跟踪定位、电子档案管理、信息文书交换、数据自动统计等管理职能。

4.佛山模式板块之三：科学管教。

（1）根据2018年11月5日“佛山在线”消息：佛山市禅城区“区块链+社区矫正”项目经过5个多月的开发调试，全国首个“区块链+社区矫正”应用平台已上线运行。

（2）根据2020年9月23日“佛山信息发布”：佛山市禅城区司

法局开设“云课堂”为社区矫正对象提供就业指导。

佛山模式中，科学管教体现在：

（1）纵向分段：依法分阶段矫正，增强矫正的针对性和实效。

（2）横向分类：依法开展分类矫正，防止交叉感染恶习，提高转化率。

（3）深度分层：根据危险性评估，在同一类型内对高危对象和一般对象区别对待，有针对性地开展个别化矫正。

（4）分级处遇：以日常考核为基础，实行分级管理和处遇，运用行为激励机制，实现处遇个别化。

5. 佛山模式板块之四：打造精品。

佛山市着力打造社区矫正“精品工程”，2020年全市社区矫正3项“精品工程”（市局社区矫正法宣传动漫片、南海区司法局大沥司法所社区矫正对象矫正方案、南海区司法局桂城司法所“《论语》——交友之道教案”）被省厅社区矫正管理局评为优秀作品，获省厅通报表扬。

二、中国社区矫正对象心理矫治

（一）心理现象

心理现象既是大脑的机能，也是客观现实的反映。心理学是研究心理现象发生、发展和活动规律的科学。

心理学并不抽象，每时每刻都存在于我们的生活中。哪里有人存在，哪里就有人的心理现象。只要人还活着，就有心理活动。心理现象错综复杂，通常把心理现象分为心理过程和个性心理特征两个方面。

假如你看到两个人正在相互拳打脚踢时，若有人问你他们正在干什么，你会说，他们正在打架。这就是人的感觉器官（眼、耳、鼻、舌、身等）对外界事物产生的感觉和知觉，在心理学上合称为感知。晚上，当你闭目静思时，那两个人打架的情形就会即刻在你的脑海里再现，这就是那两个人留在你心理上的表象。由此联想到有的人因打架伤人而被依法判刑，你就会做出这样的判断，他们可能会被判刑。你想起了有人因打架斗殴而被判刑，这就是记忆。你由别人因打架斗殴被判刑而做出这两个人也有可能被判刑的判断，这个过程就是思维过程。上述感知、表象、记忆、思维等在心理学上叫作认知过程。

人非草木，孰能无情。当你看到别人行凶伤人时，你就会激起对违法犯罪者的愤恨、对被害者的同情，这就是情感，产生情感的过程叫作情感过程。你由对暴力行凶分子的憎恨，转而下决心学好法律知识，遵纪守法，遇事克制自己，善待他人，决心的过程就是意志过程。心理学上把认知过程、情感过程和意志过程统称为心理过程。

一个人很随和，而另一个人则非常粗暴，随和与粗暴在心理学上称为性格；李同学很喜欢学数学，张同学则爱好文学，这些在心理学上称为兴趣；某同学很有办事能力，别人办不了或很难办的事，他却可以办好，这在心理学上称为能力。性格、兴趣、能力等在心理学上叫作个性心理特征。

心理结构（或系统）是心理学中常用的概念，是指各种心理因素有机组成的体系的总称，普通心理结构由心理过程、个性心理特征和心理状态组成（图1–1）。

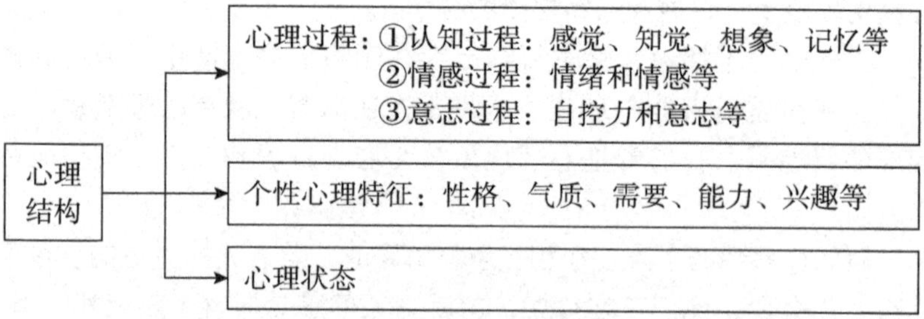

图1–1　心理系统图解

心理学理论在社会生活中有广泛而重要的应用。

中国是心理学发源地之一，早在春秋战国时代，我国的先哲们就有了关于心理问题的精彩论述：

老子：人性自然。“道法自然。”
孔子：性相近，习相远。
孟子：人都是性善的。
荀子：人都是性恶的。
世硕：人性有善有恶。
告子：人性都是无善无恶的。

在科学发展史上，心理学又是年轻的科学：19世纪前，心理学处在思辨阶段，属于哲学范畴。19世纪中叶，心理学引入实验方法，才从哲学中分离出来另立门户。19世纪后期，科学心理学才诞生。为了纪念德国心理学家冯特对心理学的杰出贡献，人们把他于1879年在莱比锡大学建立的世界上第一个心理学实验室，看作科学心理学诞生的标志。科学心理学从诞生到现在也就100多年，而对于一门科学来说，只是弹指一挥间。

现代心理咨询起源于美国的职业指导运动，1955年美国开始向心理咨询专家颁发执照，心理咨询成为职业。

我国劳动和社会保障部于2001年8月颁布了《心理咨询师国家职业标准》。2003年，我国有了国家统一认证的心理咨询师，心理咨询成为我国面向大众服务的职业。

（二）心理矫治

1.心理矫治工作概念：指社区矫正机关以提高教育矫正质量为目标，依法对社区矫正对象开展心理健康教育、心理评估、心理咨询和心理治疗，以及心理危机干预，以消除社区矫正对象的心理问题，矫正犯罪心理恶习，完善人格，不断提高其心理健康水平。

2.心理矫治的临床概念：指心理矫正和治疗。

心理矫治工作内容包括：

（1）心理评估。

（2）心理健康教育。

（3）过程性的分阶段矫治（前、中、后）。

（4）对不同犯罪性质、恶习和危险性程度人员进行分类矫治。

（5）个别化矫治等（咨询与治疗）。

3.心理健康概念：指“人的心理，即知、情、意活动的内在关系协调，心理的内容与客观世界保持统一，并据此能促使人体内、外环境平衡和促使个体与社会环境相适应的状态，并由此不断地发展健全的人格，提高生活质量，保持旺盛的精力和愉快的情绪”[①]。

关于心理健康的标准已有不少研究成果，如郭念锋于1986年在《临床心理学概论》一书中提出的心理健康十条标准，许又新提出的心理健康三条标准，马建青从临床表现方面考察提出的心理健康七条标准，等等。[②]笔者从心理平衡角度提出心理健康的五项标准[③]：

（1）知、情、意过程畅通、协调一致。

（2）人格完善。

（3）心理状态和心理结构平衡。

（4）身心平衡。

（5）主观与客观环境协调，具有良好的心理平衡和社会适应能力等。

具有良好的心理自我调节和平衡能力，是心理健康的重要内容之一。心理平衡者在遭遇一般性挫折或影响生活、学习和工作的突发事件时，能及时、有效地平复心理，避免心理创伤。比如，大学生失恋造成的心理冲击一般可以自我平复。因失恋就自寻短见、自杀身亡的人毕竟是极少数。人本身具有强大的心理自我调节能力，时刻发挥着

---

① 郭念锋主编：《国家职业资格培训教程·心理咨询师》，民族出版社2002年版，第169页。

② 郭念锋主编：《国家职业资格培训教程·心理咨询师》，民族出版社2002年版，第170–171页。

③ 叶扬主编：《中国监狱劳教工作警官心理健康读本》，法律出版社2003年版，第3页。

有效的防御作用。当然，这种防御能力因时、因地、因人而异，不断增强心理保健意识和能力，则是重要保证之一。

社区矫正对象要自觉接受心理健康教育和心理评估、主动申请心理咨询、积极配合心理危机干预等。

开展社区矫正对象心理矫治不但需要制度安排、财政保障，还需要有相关专业技术人员、专门场所和社区矫正对象积极主动的参与。

（三）中国社区矫正对象心理矫治体系

中国社区矫正对象心理矫治是一项系统性工程，主要内容体系包括：

1.基础工作。主要是对社区矫正对象进行全面的心理健康教育、心理评估、心理咨询和心理危机干预等知识教育。

2.心理过程健康管理。心理活动具有过程性特点，这一过程具有积极和消极两大取向，有发展、退化和停滞等特征，对心理活动的认知过程、情感过程和意志过程进行积极有效的管理，优化心理的内、外环境，对提高心理健康水平具有重要意义，是心理矫治的重要内容。

3.犯罪心理恶习矫治。根据心理学研究，犯罪行为是由人的犯罪心理在一定机遇下相互作用的结果，要将犯罪者改造成为守法公民，必须实现由犯罪心理到守法心理的根本性转变。消除犯罪心理和犯罪恶习，重新确立守法心理，就成了社区矫正对象矫正的核心任务。这涉及分段、分类和分层等一系列对策和要求。

4.人格重建。人格扭曲、心理变态是社区矫正对象的突出心理问题，特别是对于具有成瘾性人员（网瘾、酒精成瘾和毒品成瘾等），他们普遍具有人格重建（构）任务。需要重新建立和完善人格。

5.常见心理和行为问题调节。社区矫正对象的心理问题一般比普通人群严重，主要是适应性问题、心理压力调节和黄赌毒等恶习的预防等。

6.科学矫治理论与技术的创新。心理学是一门既古老又年轻的科学，许多技术方法源自西方，如认知疗法和精神分析等。知识无国界，但是，文化有传承。在心理矫治过程中，盲目照搬西方的模式往往会因水土不服无功而返，具有深厚的中国传统文化底蕴的心理矫治理论和技术方法，将具有更加强大的生命力，如中国法制文化矫治理论与技术、中国心理书画艺术治疗理论与技术等。

第二节　中国社区矫正对象心理矫治基本方式

社区矫正对象心理矫治，根据研究对象范围大小分为集体矫治、分类矫治和个别（个案）矫治等方式。集体矫治主要组织社区矫正对象开展心理矫治活动，如组织集中上心理健康教育课，优点是涉及面广、人力和物力投入相对少、解决共性心理问题见效快，不足之处是难以触及深层次的心理问题。分类矫治介于集体矫治与个别矫治之间，对具有某一类相同心理问题人员，如新入矫适应不良、缺乏家庭支持和出矫前焦虑等人员，开展分类矫治，与集体矫治相比则更加增强了心理矫治的针对性，与个别矫治相比，减少投入，收效大，在目前收矫任务繁重，心理咨询师配备比例不足的情况下，是社区矫正对象心理矫治工作中常用的方式。个别（个案）矫治是以社区矫正对象个体为对象开展的矫治活动，如心理咨询师与社区矫正对象面对面的心理咨询、对企图自杀的社区矫正对象现场心理干预等，可以深入内心，解决他们深层次的心理问题，但对心理咨询师的技能要求高，是当前心理矫治工作难点，也是热点。

一、集体矫治

这是最常用的方式，就是将一个镇或街道的社区矫正对象集中到一个课堂，进行专门的心理辅导。

辅导的目标是普及心理健康基础知识、心理调节方法和技术，或就心理减压、人际关系调适和心理适应等专题进行针对性的辅导。

这种方式的特点是，能有效解决社区矫正人员中的共性、倾向性心理问题，大量节省时间和人力、物力。

辅导的首要任务是增强心理保健意识。心理问题同其他事物一样是社会发展的产物。

心理学家马斯洛将人的需要从低级到高级划分为五个层次：生理的需要、安全的需要、情感与归属的需要、尊重的需要和自我实现的需要。根据他的研究，需要由低级向高级发展，并且只有低级需要得到基本或部分满足之后才能向高级需要发展。

有研究表明，在最贫穷的国家里，财富对幸福感的影响还是比较大的，当年人均国民收入超过800美元时，国家财富与国民幸福感的相关性就消失了。而人权、平等因素对幸福感的影响开始明显增大。国际上一般认为，一个国家或地区，年人均国民生产总值达到1000美元时，就开始需要心理医生，我国也就是在2001年人均国民生产总值达到这个水平时出台了国家心理咨询师统一认证制度。

据统计，2018年中国人均国民生产总值达到约9462美元，具备了心理问题高发的社会基础，是需要注重心理保健的时候了。

二、分类矫治

所谓分类矫治，就是监管机关根据社区矫正对象心理矫治工作需要，将某一类型社区矫正对象集中在一起，进行有针对性矫治的活动。

如何对社区矫正对象进行分类矫治，并最大限度地提高改造质量，更加有效地预防和减少重新犯罪，是目前世界各国共同关心的重大社会问题。我国监狱系统的分类矫治工作，是与从1991年开始统一实行的“分押、分管、分教”工作相结合进行的。

对社区矫正对象进行分类，常规的方法是，将不同年龄、文化、犯罪性质和恶习程度的社区矫正对象进行分类矫治，防止交叉感染恶习，提高心理矫治的针对性和效果。

从心理学角度，还可以分为适应不良、焦虑和抑郁等多种类型，开始心理学专业化矫治，解决他们共性的心理问题。

随着分类矫治工作的深入开展，新方法不断涌现，个别地方进行类中分层矫治，如在犯罪性质相同的人员中，根据恶习深浅再进行类中分层矫治，防止深度感染恶习可将犯罪人员分为恶习深重、恶习一般和恶习轻微等，进行分类矫治，这样的矫治更加彻底。

分类矫治最初的目的是解决不同类型社区矫正人员混合管教时，相互之间恶习的交叉感染问题。同时，分类矫治本身则能更加有效地解决同一类人的共性问题，如曾经吸毒类人员的毒品戒断反应、经济犯罪的贪欲、醉驾人员的侥幸心理等。与集体矫治相比，某类人员的团体心理辅导和团体心理咨询范围相对较小，针对性增强，在日常工作中是经常用到的，但是，与集体教育比较，其技术要求更高。

三、个别矫治

个别矫治，又称个案矫治，是从个体水平上、微观层面上研究个案的科学矫治，包括个案矫治概念、模式、原理、规律、步骤和方法等。这是难点，也是重点。

在实践中，面对面的个别咨询最能解决深层次的心理问题。比如：

黄某犯有破坏电力设备罪，心理咨询时主诉："我对社会有种反感，对自己的未来也不抱什么希望，小时候受到很大创伤，全身被触电烧伤，伤痕很难看，现在我是不可能和正常人一样生活了，洗澡时不敢和别人在一起洗，脱开衣服后怕被别人取笑，请老师给予我心理咨询。"

黄某的主诉提出了四个心理问题：

（1）对社会有种反感情绪，也就是抵触、对立情绪。

（2）对自己的未来不抱什么希望，情绪悲观，自卑。

（3）小时候受到很大创伤，全身被烧伤，伤痕很难看，这是过去的生活事件，现在还有很难看的伤痕，更加明显的是心理上的"触电烧伤创伤"，一直成为抹不去的心结。

（4）"现在我是不可能和正常人一样生活了，洗澡时不敢和别人在一起洗，脱开衣服后怕被别人取笑。"社会功能已经受损。并因此申请心理咨询。

在上述四个问题中，（3）是原因，其他则都是这一生活事件的后果。黄某由于被电伤，留下满身难看的伤痕，社会功能受损，挫折心理得不到及时疏导，发展到与社会对立，进而实施破坏电力设备犯罪，被判刑，目前悲观绝望，自信心全无。这次犯罪前也因破坏电力设备行为被公安机关处罚过。由于得不到及时的心理疏导，他不断地将不满发泄到曾经使他不幸的电力设备上，不止一次地对社会进行报复性违法犯罪。

这本来是一个并不复杂的问题，错不在电力设备和电，而在于自己缺乏安全用电知识，身体有伤痕就不敢与别人一起洗澡也是自身的心理问题，但由于得不到及时咨询，发展到犯罪，积重难返。咨询的关键是消除由于“触电烧伤创伤”造成的心结，消除自卑和对立、报复心理。在心理学上这是一个典型的“挫折—侵犯”咨询个案，侵犯是挫折的一种后果，侵犯行为发生是以挫折存在为条件。如果这种心理得不到有效的矫治，即使刑满以后，破坏电力设备的犯罪还会发生，对自己、对社会都是百害无一利的。这个案例在罪犯心理咨询中具有代表性。

心理咨询人员的这些分析使黄某有所醒悟，消除了他的“触电烧伤创伤”心结，心理咨询后他的这些心理问题得到了有效矫正，恢复了心理平衡。

第三节 中国社区矫正对象心理矫治基本方法

心理调节通常有三大机制：一是人自身所具有的心理免疫机制，这是最可贵的，人自身具有这种得天独厚的心理资源；二是运用所学习的心理学知识，有目的、有计划地进行自我调节，实现心理平衡，发挥主观能动性作用，这被认为是最好的选择，最好的心理咨询师实际上就是你自己；三是寻求心理咨询师或亲朋好友的心理帮助实现心理平衡等。

一、心理免疫机制

（一）心理免疫概念

免疫力是人体自身的防御能力。现代免疫学认为，免疫力是人体识别和排除异己的生理反应。免疫力按照获得方式不同，分为先天性免疫力和后天获得性免疫力两种。现代医学研究表明，绝大部分疾病都与免疫系统失调有关。反之，绝大多数疾病都能够通过提高免疫力得到令人满意的预防效果。

人们普遍具有心理免疫能力，在一定范围之内可以自觉抵御外界不良因素影响，保持心理平衡。但是，人与人之间，心理免疫能力有很大差异。《三国演义》中，诸葛亮三气周瑜，最终让其一命呜呼，周瑜赔了夫人又折兵，临终时发出了"既生瑜，何生亮"的千古哀鸣，这是大家耳熟能详的历史故事。但是，诸葛亮的激将法，在司马懿那里却达不到目的。王朝兴衰成败，涉及时代发展潮流、政治、军事、人心向背等诸多因素，但是，战场上在面对对手咄咄逼人的气势时，是心平气和不为所动，处变不惊，沉着应对，还是情绪激惹，陷入感情用事的死胡同，这些不同的表现则与当事人的心理免疫能力和心理平衡能力息息相关。

（二）心理免疫力内容

心理免疫力主要包含以下四个方面的内容：1.对不良精神刺激的抵抗力；2.对不良精神刺激的承受力；3.对不良精神刺激的化解力；4.对自身情绪的控制力（自控力）。

（三）增强心理免疫力方法

1.增强心理免疫力的生物学方法。

（1）健身强体是心理平衡的基础。心理免疫能力只是人体免疫能力的一个组成部分，心身具有相互影响作用，百病缠身必无好心情，反之亦然。人类进入工业化和信息化时代之后，随着社会经济的迅猛发展，人与人之间的联系日益增多，生活节奏不断加快，社会竞争越来越激烈，焦虑和抑郁等成为常见的心理问题。同时，心理问题又反作用于身体健康，现代社会产生了大量的心身疾病。比如，甲状腺功能亢进、局限性肠炎、类风湿性关节炎、支气管哮喘和冠心病等疾病。

心身疾病需要心身同治，单纯服药治标不治本，不能从根本上解决问题。胃炎是再简单不过的疾病，不少人有之，但是，多数病人久治不愈，其原因是，经常加班加点，竞争激烈，心理压力过大，而又缺乏心理平衡辅导等。心理因素在疾病治疗中的作用可以是正面作用，也可以起到反作用，有的被误诊为癌症的病人在不久之后即一命呜呼，就是很好的例证。他们不是死于疾病，而是死于无法摆脱的、持续的心理恐惧。

心理咨询与心理治疗作用大小与人们对咨询师、治疗师医德、医术好坏的评价和对自己求医效果的预期大小密切相关，心理预期高，则效果好。

（2）培养良好的生活习惯。日常生活中的饮食、睡眠和环境等因素对提高心理免疫力具有直接影响。

预防病从口入，合理膳食，均衡营养。在食物中，维生素的作用不容忽视。

不会休息，就不可能有强大的心理免疫力。人的一生大约有三分之一的时间是在睡眠中度过的，休息是个大学问。睡眠具有修复大脑功能、消除身体和心理疲劳、恢复体能等作用。

第一，睡眠消除疲劳，恢复体力。睡眠是消除身体疲劳的主要方式。睡眠期间是胃肠道及其他有关脏器合成人体能量物质以供活动时使用的最佳时间。另外，由于体温、心率、血压下降，呼吸及部分内分泌减少，使基础代谢率降低，从而使体力得以恢复。

第二，睡眠保护大脑，恢复精力。睡眠不足表现为烦躁、激动或精神萎靡、注意力涣散、记忆力减退等。长期缺少睡眠则会导致幻觉。而睡眠充足者，精力充沛，思维敏捷，办事效率高。这是由于大脑在睡眠状态下耗氧量大大减少，有利于脑细胞贮存能量。因此，睡眠有利于保护大脑，提高脑活力。

第三，睡眠增强免疫力，康复机体。人体在正常情况下，能对各种侵入的抗原物质产生抗体，并通过免疫反应将其清除，保护人体健康。睡眠能增强机体产生抗体的能力，从而增强机体的抵抗力。同时，睡眠还可以使各组织器官自我康复加快。

第四，睡眠促进生长发育。睡眠与儿童生长发育密切相关，婴幼儿在出生后相当长的时间内，大脑继续发育，这个过程离不开睡眠。而且，儿童的生长在睡眠状态下速度加快，因为睡眠期间血浆生长激素可以连续数小时维持在较高水平。所以应保证儿童有充足的睡眠，以保证其生长发育。

一般认为不同年龄的人每天最佳的睡眠时间是：

1岁以下每天16小时；
1—3岁：晚上12小时，白天2—3小时；
4—14岁：10—12小时；
15—29岁：约8小时；
30—60岁：约7小时；
60岁以上：5.5—7小时。

第五，睡眠可以延缓衰老，有助于长寿。

第六，睡眠保护心理健康。睡眠对于保护人的心理健康与维护人的正常心理活动是很重要的。因为短时间的睡眠不佳就会出现注意力涣散，而长时间的睡眠不足则可造成不合理的思考等异常情况。

在现代社会生活中，失眠是影响心理健康的突出问题，一般人如果连续一周失眠就会陷入心理危机。失眠是一种生理心理现象，受到生物、心理和社会等复杂因素的影响制约，其中，突出的是睡眠节律的破坏，培养良好的睡眠习惯对保证睡眠质量十分重要。长时间加班或通宵值勤、复习功课，不能按时休息固然是打乱睡眠习惯、影响睡眠的重要原因，但是，一个同样重要的原因往往被人们所忽视，就是青少年休息日睡懒觉（多睡觉、不该睡觉时睡觉）。有规律的起居饮食，不要经常躺在床上看书报、电视，养成良好的作息习惯对提高睡眠质量十分重要。

（3）生命在于运动，适量运动、劳逸结合有利于心理免疫力提高。适量运动是指运动者根据个人的身体状况、场地、器材和气候条件，选择适合的运动项目，使运动负荷不超过人体的承受能力，在运动后感觉舒服，不会造成疲劳或者气喘，不影响一天的工作、生活为宜。如果运动后感到疲劳、腰酸腿疼、什么也不想干了，就是运动过量了。运动过量最大的问题是容易造成免疫力下降，出现上火、咽喉肿疼、浑身无力、精力不集中等现象。这样，不但达不到锻炼的目的，反而会损伤身体。反之，运动不足也达不到锻炼的目的。人的运动量应以每天不少于一小时为宜。适量运动是保持脑力和体力协调、消除疲劳、防止亚健康、延年益寿的一个重要因素。切忌在疲劳到极点时参加运动，此时运动对人体有害无益。对待运动的科学态度是贵在坚持，适度就好。运动不能一曝十寒，必须持之以恒，不可中途而废。为了不引起骨关节的损伤和高能量消耗，中老年人通常不宜进行爆发力很强的短时间运动，而应选择低强度的长时间运动，如早、晚散步。特别是休息日到野外享受日光浴，提高身体健康水平，增强心理免疫力。

2.增强心理免疫力的心理学方法。

（1）增强心理保健意识是提高心理免疫力水平的基础。心理问题与社会发展水平息息相关，过去由于生活水平较低，人们普遍关心衣食住行、柴米油盐等生存问题，对心理问题掉以轻心，甚至讳莫如深，不敢面对，直到现在有的人依然认为找心理咨询师是要遮遮掩掩的事情，心理咨询是被误解最深的职业之一。现代社会竞争激烈，生活节奏加快，心理问题与日俱增，预防和减少心理问题已成为当务之急，增强心理保健意识是提高心理免疫力水平的重要基础。

（2）保持乐观向上、知足常乐的心态。千保健万保健，心态是关键。在现实生活中，人的心态有积极与消极之分：

积极心态主要表现为：

执着：对个人、单位和团队目标、价值观坚定不移的信念，信念能影响健康。

挑战：勇敢地挺身而出，积极地迎接变化和新的任务。

热情：对自己的工作具有强烈的感情和浓厚的兴趣。

奉献：全心全意地完成工作或处理事务。

激情：始终对未来充满憧憬和希望，对现在全力以赴。

愉快：乐于接受微笑、乐趣，并分享成功。

爱心：助人为乐，感恩心态。

自豪：因为自身价值或团队成绩而深感荣耀。

渴望：强烈的成功欲望。

信赖：相信他人和集体的素质、价值和可靠性。

消极心态主要表现为：

对生活失去信心，丧失理想和信念，生活目标不明确。在消极心态下，人往往对自己、对生活丧失信心，处于困惑、迷惘状态，不知道今后的路该如何走下去。

对自己的标准降低，不思进取，得过且过。消极心态的一个重要特征就是缺乏进取精神，得过且过。

意志衰退，精神不振。消极心态往往伴随着失望、丧志、抑郁、颓废等不良心态。

人在具有强烈消极情绪的日子里，免疫力会降低；相反，在具有强烈积极情绪的日子里，抗体的反应比正常水平高，机体的抵抗力增强。积极生活事件会导致免疫球蛋白的增加，而消极生活事件则会减少免疫球蛋白。并且，受积极生活事件影响的这种抗体增加会持续两天时间，积极生活事件对免疫系统有调节作用，并且有助于疾病的康复。

（3）建立心往宽处想的积极认知模式有利于心理免疫力水平的提高。认知模式有积极和消极的价值取向之分。前者有利于心理平衡。

人重要的是想得开，拿得起，也放得下，能屈能伸，人心宽处皆是路。

相传，一个老和尚养了一盆兰花，他爱兰花的素雅，对这盆兰花呵护有加，为其浇水除草，一刻也不松懈。兰花在老和尚的悉心照料下，长得十分健壮，出落得清秀可人。这天，老和尚要外出会友，便把这盆花托付给了小和尚，吩咐小和尚悉心照料。小和尚很是听话，也十分负责，就像老和尚一样用心呵护兰花，兰花依旧茁壮地成长着。一天，小和尚给兰花浇过水后放在窗台上就出门办事了。不想天降暴雨，狂风把兰花打翻了。小和尚赶回来，看到一地的残枝败叶，十分痛心，也很害怕老和尚责怪他。过几天老和尚回来了，小和尚一五一十地把实情告诉了老和尚，并准备受罚。可老和尚却只是笑了笑，一句责骂的话都没有说。小和尚很意外，那毕竟是老和尚最心爱的兰花呀！小和尚问："师傅，您不生气吗？为什么不责骂我呢？"老和尚淡淡一笑，说道："我养兰花，可不是为了生气的。"简单的一句话，却道出了一种豁达的人生态度和认知模式取向。我们养花不是为了生气；我们工作不是为了生气；我们相爱不是为了生气；我们生活更不是为了生气。

有句谚语：不要为打翻的牛奶哭泣。用心付出的东西一旦无法挽回，那就不必再费尽心思去挽回，更没必要去埋怨、懊悔。当还拥有的时候，就好好珍惜，全力付出；当失去的时候，心平气和，淡然处之，无愧于心便好。

（4）情绪是健康的主宰，科学的情绪管理意义重大。情绪管理有两大机制：压抑和释放。宣泄是排解或释放紧张情绪的过程，这种紧张与抑制冲突、记忆或观念有关，常伴有对痛苦经历的回忆。宣泄是自我保护的有效措施。积极的情绪宣泄解压方法主要有：

第一，倾诉解压法。有时朋友是最好的心理医生。培根说过："如果你把快乐告诉一个朋友，将有两个人分享快乐；你把忧愁向朋友倾诉，你将被分掉一半忧愁。"当遇到不愉快时，不要自己一个人生闷气，找个值得信赖的朋友，向他倾诉心中的恐惧、痛苦、烦闷、苦恼或担忧，说出之后，心情会轻松很多，如果再得到朋友的理解和安慰，内心的压力就会加速消除。

第二，运动解压法。运动是很好的情绪缓解方法。因为当人们在沮丧或愤怒时，生理上会产生一些异常现象，如脸部发热等，通过运动，如跑步、打球、打拳等方式，注意力和兴奋点转移，紧张郁闷等不良情绪得到缓解，心理便恢复正常。

第三，想象解压法。俗话说，心由境生，经常想象一些美好的事物，不但可以使人忘掉烦恼，而且对心率、血压、呼吸都会产生良好的影响，对健康十分有利。当情绪不好的时候，闭上眼睛，想象自己置身在美丽的花园中，周围繁花似锦，花香扑鼻，蝴蝶在花丛中翩翩起舞等，心情很快就会变得愉快，不良的情绪也能得到缓解。

第四，音乐解压法。音乐具有强烈的情绪感染力，听听音乐是缓解情绪的有效方法。当心情不好时，听上一曲自己喜欢的音乐或令人放松的轻音乐，沮丧的情绪就会烟消云散。

在日常生活中，有人常用消极方法减压，结果适得其反，抽刀断水水更流。消极的情绪宣泄减压方法指：

第一，酗酒。酗酒是指面对负面情绪与压力时最容易采取的方式，很明显这种方式有害健康。

第二，暴饮暴食。吃，其实会让你的身体和情绪得到一种满足感，引起愉悦，所以，吃也不失为一种舒缓负面情绪的方式。但是，暴饮暴食则不一样。因为暴饮暴食对人的情绪影响非常强烈，当我们面对情绪问题的时候，会一而再、再而三地陷入暴饮暴食的怪圈之中不能自拔。即便当我们不愿意这样做时，也已经控制不住自己了，以致可能发展成为贪食症。

第三，盲目购物。很多人在情绪低落时都会选择购物，它也确实能适当地缓解情绪困扰。因为买到心仪物品时的那种欣喜可以冲淡负面情绪的痛苦，但是，当购物成了缓解情绪的唯一方式的时候，这就已经不是购物了，而是购物癖或购物狂，即一种冲动控制障碍。

3.增强心理免疫力的社会学方法。

社会是大课堂，是人生的大舞台，心有多宽人生的舞台就有多大，要修身立德，培养与人为善的处世态度和作风，避免四处树敌。

一个篱笆三个桩，一个好汉三个帮，建立和谐的社会支持体系十分重要。

要增强文化自信，弘扬主流文化，坚决抵制消极文化，洁身自好，习得社会行为规范，远离黄赌毒，培养遵纪守法的行为习惯。

二、心理健康的自我调节机制

（一）心理自我调节概念

运用所学的心理学理论和方法，有意识地调节自己的心理平衡，称为心理的自我调节。人具有强大的自我调节的能力，能凭自己的能力在一定范围之内解决心理问题，这主要源于人类自身的信念支持、认知化解、情感调节和意志行为调控能力等。

（二）心理自我调节的能力范围

人具有心理免疫力，也具有凭主观努力自我调节心理平衡的能力，即使心理突然受到伤害，事后仍能自动修复（平复）。修复的程度视伤害情况和人所具有的心理平复能力而定。当外界事件的刺激超过人自身能力可承受的限度时才有可能造成心理创伤，心理创伤共分为三级：

1.轻微心理创伤。由一般的外部诱因引起，心理问题局限于事件本身，产生了心理问题，但是，一般可自我修复。心理自我修复是指运用心理的自我调节机制，自己调节、恢复心理平衡。

心理平复现象：有研究表明，除配偶子女亡故，其他任何事情带来的心理痛苦，一般都会在3个月之内自动平复。

所以，在心理咨询中，心理问题持续时间没超过2个月则认为是一般心理问题。

2.中度心理创伤。由较大的外部诱因引起，而产生了严重的心理问题，并泛化，持续时间在3个月以上，一般只能部分自我修复，需要结合心理咨询才能完全康复。可在心理咨询师的协助下，实现心理平衡。

3.重度心理创伤。重度心理创伤即产生了精神障碍的心理创伤。由特大的外界事件引起，产生的心理创伤持续时间较长，心理问题泛化，并引起人格和行为模式的消极改变，形成应激相关障碍，一般难以全部自动修复，有的甚至因此而影响一生，需要结合心理咨询与心理治疗才能完全恢复。这种心理创伤是严重的，有的甚至因多种创伤叠加在一起产生复合型的心理创伤，将更不容易平复。

某青年，22岁，男，小学文化程度，无业，求询前，见到某特定区域的人就打。原因是：他小时候父亲与某特定区域的人做生意时被骗光了家产，不久积郁成疾并病故；随后母亲改嫁他人，造成了他严重的心理创伤；从小离家出走，以犯罪为生，并染上酗酒恶习，一次因交通事故造成严重脑创伤，目前有后遗症。打某特定区域的人是一系列创伤事件和经历的结果：（1）小时候父亲与某特定区域的人做生意被骗光家产，并因此而病故。（2）母亲改嫁，随母生活但寄人篱下。（3）从小离家出走，以犯罪为生，并染上酗酒恶习。（4）一次因交通事故造成脑创伤并留下后遗症。其中，主要是幼年丧父的重大心理创伤，影响了他的一生。

4. 由身体创伤事件引起的心理问题。主要是指因意外受伤、交通事故损伤和暴力伤害等造成的脑损伤带来的心理问题。

（1）主要特点。这类求助者大都有过脑损伤的经历，有的在头上留有明显疤痕，严重者有对创伤经历选择性遗忘，记不起创伤经历。对这类求助者要通过亲友进行生活史调查，以掌握其真实情况。

这些人往往述数（记数字）困难，重者难以记忆出生年月，心理定向能力差，谈话时有无条件顺从的特点；适应能力和自我控制能力差，难以适应新环境，自理能力差，遇到困难时容易出现攻击行为，攻击他人或攻击自己，自伤自残，甚至自杀等。

（2）脑损伤对心理影响的类型划分。根据脑损伤影响的大小分为三种情况：

第一，轻微影响：引起性格改变，警觉性高、敏感性强，多疑，容易冲动、发脾气等；

第二，中等影响：引起性格改变，警觉性高、敏感性强，多疑，容易冲动、发脾气，攻击性强；有轻微的语言表达障碍，述数有一定困难；定向和适应能力差。

第三，严重影响：引起性格改变，警觉性高、敏感性强，多疑，容易冲动、发脾气，攻击性强；有语言表达障碍，述数困难；定向能力差；适应性严重下降，行动迟缓，社会功能受损。

（3）调节方法。脑损伤的生理状况一般两年后趋向于稳定，造成的损伤再难以恢复，但是，因此造成的心理问题则可以疏导并获益：一是要对损伤损害程度进行科学评估，确定影响程度；二是消除和减少引起新的心理问题的应激源，从源头着眼；三是提供心理支持帮助，多用冷处理方法，严重者进行心理治疗，达到精神障碍程度的要送精神科处理；四是脑损伤后仍有生理炎症的要及时到普通医院医治等。

（三）自我意识与心理调节

自我意识是隐藏在个体内心深处的心理结构，是个体意识发展的高级阶段，是人格的自我调控系统。个体正是通过自我意识来认识自己、激励自己、调节自己，在环境中获得动态的、和谐的平衡。自我意识是自我教育的基础，它的发展直接影响着个体，标志着其心理成熟的水平。

1. 自我意识的概念。

自我意识是一个人在社会化过程中逐步形成和发展起来的，对自我以及自己与周围环境关系的多方面、多层次的认知、体验和评价，是个体关于自我的思想、情感和态度的总和。自我意识的内涵包括个体对自身生理状态、心理状态以及自己与周围关系的认识和评价。具体来说包括三个方面，一是个体对自身生理状态的认识和评价，指对自己身高、体重、容貌、身材、性别等的认识以及生理病痛、温饱饥饿、劳累疲乏的感受等。二是个体对自身心理状态的认识和总体评价，指对自己的知识、能力、情绪、兴趣、爱好、性格、气质等的认识和体验。三是个体对自己与周围关系的认识与评价，指对自己在群体中的地位、作用以及自己和他人相互关系的认识、评价和体验。

2. 自我意识的结构。

（1）自我认识——自我意识的认知成分。它是人对自己的身体面貌、个性品质、自身社会价值与周围世界关系等方面所进行的自我感觉、自我观察、自我分析和自我评价等。它是自我意识的核心部分，也是自我体验和自我调节的基础。

（2）自我体验——自我意识的情绪成分。它是人对自己的情绪状态的体验。自我体验可表现为自尊、自豪、自爱、自卑、自怜等情绪状态。在自我体验中，自尊和自信是最重要的成分。自尊和自信的程度也会影响个体自我调节的方向和力度。

（3）自我调节——自我意识的意志成分。它指的是个体自觉的过程。自觉的自我调节是对自己的主观世界，包括自己的行为、心理活动、个性品质及自身与他人、与社会的关系等方面的调节。正常的人都是凭着自我意识来调节自己的思想和行为，使之适宜恰当。自我调节包括自我检查、自我监督、自我激励、自我控制、自我奋斗、自我暗示、自我教育等形式，其中主要的调节方式是自我控制和自我教育。

3. 自我意识的发展。

每个人对自己的意识不是与生俱来的，而是在其发展过程中逐步形成和发展起来的。人首先是对外部世界、对他人的认识，然后才逐步认识自己。自我意识是在与他人交往过程中，根据他人对自己的看法和评价而发展起来的，这个过程在个体一生中一直进行着。

心理学家埃里克森把个体自我意识的形成和发展划分为八个相互联系的阶段：

（1）婴儿期——从出生到18个月。此阶段是获得基本信任感和克服基本不信任感阶段。这个阶段婴儿对母亲或身边的亲人表示信任，感到所处的环境是个安全的地方。如果得不到周围人的关心与照顾，就会对外界特别是对周围的人产生害怕与怀疑的心理。

（2）童年期——从18个月到4岁。此阶段是获得自主感而避免怀疑感和羞耻感阶段。此阶段儿童开始有了独立自主的要求，想要自己穿衣、吃饭、走路等，如果父母允许他们独立地去做一些力所能及的事情，并且表扬他们完成的情况，就能培养他们的意志力，使他们获得一种自主感，能够自己控制自己。如果相反的话，父母溺爱他们，处处包办，或过分严厉，甚至采用体罚的方法，则会使儿童遭受许多失败的体验，产生自我怀疑与羞耻感。

（3）学前期——从4岁到6岁。此阶段是获得主动感而克服内疚感阶段。此阶段儿童开始对周围的环境充满好奇心，知道自己的性别，常常问这问那，如果父母对孩子的好奇心以及探索行为不予阻拦，让孩子有更多机会去自由参加各种活动，耐心地解答他们提出的各种问题，而不是嘲笑、禁止，更不是指责，那么孩子的主动性就会得到进一步的发展，表现出很大的积极性与进取心。反之，则容易使孩子产生内疚感与失败感。

（4）学龄期——从6岁到12岁。此阶段是获得勤奋感而避免自卑感阶段。此阶段孩子的能力在不断增强，参加活动的范围已扩展到学校以外的社会。这时候对他们影响最大的已经不是父母，而是同伴，尤其是学校里的老师。如果孩子们的兴趣爱好能得到父母、老师的支持、帮助与肯定，则能进一步加强他们的勤奋感。

（5）青春期——从12岁到18岁。此阶段是获得同一感而克服同一性混乱阶段。此阶段的核心问题是自我意识的确定和自我角色的形成。

（6）成年早期——从18岁到30岁。此阶段是建立家庭生活获得亲密感，避免孤独感阶段。

（7）壮年期。此阶段是经由成家、立业而获得创造力，避免自我专注阶段。

（8）老年期。此阶段是获得完美感，避免失望感阶段。

4.自我意识的作用。

只有对自己更好地认识和了解后，才能更好地与他人交往和生活，才能提高自己的心理健康水平。自我意识的作用有：（1）自我意识大大地提高了人的认识功能。（2）自我意识使人形成一个丰富的感情世界。（3）自我意识大大地促进了人的意志发展。（4）自我意识是道德的必要前提。

（四）增强心理调节能力的方法

1.读书学习。

读书对心理的调节作用主要表现在：（1）实现注意力转移，培养新兴趣、爱好，缓解或消除心理压力；（2）增长知识，增强是非判断或认知化解心理问题的能力，遇事不失理智，处变不惊；（3）丰富精神生活，消除精神空虚，陶冶情操，提高心理健康水平；（4）学会心理调节理论与方法，可以更加广泛有效地调节遇到的各种心理问题，保持心理平衡。

2.通过运动增强心理平衡能力。

体育锻炼能预防和治疗心理疾病，被公认为是一种行之有效的心理调节方法。

体育运动能促进身体发育，为心理健康发展提供坚实的物质基础，能产生丰富的情绪体验，改善情绪状态，并能发展想象力和思维能力，改善认知状况，培养良好的情操和意志品质以及个性等。

不良情绪可以通过运动调节。心情郁闷时，最好去进行跑步、游泳、骑自行车等持续性的运动。甚至有人提出要在抑郁时跑步，焦虑时游泳。

运动调节情绪的原理是：人脑分为左右两个半球，各自有着不同的功能。左半球控制数学、语言、词汇、思维、分析等活动，右半球则分管形象、音乐及非语言性活动。忧郁等不良情绪通常是发自左半球的思维区域，而愉快区域则位于右半球。运动时，左半球逐渐受到抑制，而右半球则逐渐活跃，从而取得支配地位，使忧郁等不良情绪被消除。

运动时可引起内分泌的一系列改变，如使肾上腺素、皮质醇、生长激素水平增加，胰岛素水平降低，有利于脂肪的分解和加快游离脂肪酸的利用。轻柔缓和的运动训练可使性激素维持在一定水平，从而延缓衰老。通过坚持不懈的运动，中老年人体力衰退能保持在最小限度内。

身体健康是心理健康的基础，运动对心血管系统可产生良好的影响，运动锻炼可使多项心脏功能指标改善。人体运动时，循环系统功能增强，心输出量增加，各组织器官的血流量均增加，特别是骨骼肌的血流量迅速增加。运动还可使血液中的胆固醇、低密度脂蛋白、甘油三酯降低及高密度脂蛋白增高，有利于防止高脂血症。

体育运动可使老年人肺功能加强，可推迟膈肌、肋间肌等呼吸肌的老化。长期坚持锻炼的老年人呼吸深慢均匀，能量储备及氧的利用增加，呼吸肌疲劳得以缓解，呼吸差和肺活量均增加，残气量减少，这些均有利于保护肺功能。因此，运动可以通过增加肺活量和摄氧量而改善呼吸功能。

坚持锻炼的人可使腹壁肌肉活动加强，对胃肠有良好的按摩作用，从而促使胃肠蠕动增强。由于运动时循环功能改善可增加胃肠供血，并使各种消化腺分泌增加，肝、胆、胰功能改善，故有利于食物的消化吸收，并因此而推迟消化道的老化，且减少萎缩性胃炎的发病率。运动可增进食欲。通过检测唾液中淀粉酶的含量和活性的研究发现，坚持锻炼的老年人明显高于不参加锻炼者。

运动可增进新陈代谢，调整糖和脂肪代谢，对糖尿病和肥胖症都有辅助治疗作用；通过系统性锻炼，可以增强机体的代偿功能，使某些器官的局部功能损伤得以恢复。运动还能改善免疫功能，增加防御疾病的能力，长期锻炼者可使感冒的发病率降低。运动能达到促进身心健康、延年益寿的目的。

运动调节心理因人而异，某女青年在心理咨询时，自述冲凉是她最常用的心理放松方法，每天冲凉时感觉可以将所有的烦恼层层冲洗掉，冲凉后再喷上些香水，穿上漂亮的睡衣，觉得全身轻松，十分舒畅，烦恼全无。

3.唱歌增强平衡心理能力。

唱歌对健康有益，可以促进深呼吸，从而使肺部得到锻炼，并能清理血液；唱歌有助于面部表情和思维活跃；唱歌可以增强自信心，并发扬克服困难的精神；唱歌可以改善一个人的语言能力；唱歌可以增强记忆力与思想的集中；唱歌可以发展对声乐艺术的欣赏能力；唱歌有助于个性的形成；唱歌有助于情感的表达；等等。

经常唱歌无论是对心理还是对生理都具有积极意义：

（1）唱歌如同跑步。如果唱歌的方法正确，可以充分利用身体各部分的肌肉和内脏，会消耗大量体能，也就是说如同做了运动一样。

（2）利用腹肌收肚。唱歌时，基本呼吸方法便是腹式呼吸法，腹部的肌肉得到充分利用，促进新陈代谢，同时也可锻炼腹部的肌肉。另外，使用腹式呼吸法的时候，横膈膜的活动可以调节空气的吸入和呼出量，增加肺活量。

（3）放松心情。唱歌时，人会变得紧张，但当唱完一首歌后，唱歌的人会随即放松下来，这样一松一紧的循环可以刺激因压力而变得混乱的自主神经，放松心情。

社区矫正对象刘某（曾因抢劫罪判刑2年6个月），患有强迫症，每天要洗手，占着水龙头，被同犯起外号称为“水鬼”，性格内向，平时一紧张，压力大，强迫症状就加重，心烦，绝望。但刘犯在与心理疾病的抗争中学会了用唱歌调节心理的方法。他有唱歌的爱好，心烦时就找机会唱歌，在团体心理咨询现场，刘犯一口气唱了三首他喜爱的歌与狱友分享，获得阵阵掌声。

4. 书法绘画增强心理平衡能力。

中国书法历经千百年的发展成为今天丰富多彩的书法文化。练习书法是一项全身运动。写字时涉及全身30多个关节和50多块肌肉，书写的过程就像打太极拳，是一种持续的锻炼过程。书法通过各个环节协调来影响人体生理作用，达到调节身心、增强健康的目的。

书法对心理的调节作用主要表现在：

第一，书法对认知的提升作用。毛笔书法能够更好地提高书写者的空间想象力及抽象推理能力。书法书写由于在知觉、注意、思维和认知活动上积极的激活作用，能使书写者在书写过程中产生锻炼思维能力和增强认知能量等正面效果。

第二，书法的情绪调节作用。书法能使人心情愉快，精神轻松，减少紧张和焦虑情绪，同时能改善人际关系，更好地恢复社会功能。首先，书写内容对书写时的情绪状态有影响，所谓写“悲”则悲，写“喜”则喜。其次，在不同情绪状态下，其书法风格亦有相应的变化。正如明代书家祝枝山所言：“喜怒哀乐，各有分数。喜则气和而字舒，怒则气粗而字险，哀则气郁而字敛，乐则气平而字丽。”最后，书法创作可以排除消极情绪，达到心理平衡。韩愈曾说“不平则鸣”，艺术就是一种“鸣”的工具，书法亦不例外。书者，抒也，或抒发积极情感，或发泄消极情绪。这一认识是符合书法艺术活动的心理规律的。正因如此，现代心理学家和医生常常劝某些患者从事书法活动，以增进心理健康水平。

第三，书法的行为养成作用。书法亦是修行，是人类自身行为的反映。

第四，书法的人格完善功能。要学好书法，既需要掌握书法的技法，又需要通过读书向古人学习，这样，古代前贤的品德、情操、风范自然在潜移默化中产生影响，使人们达到一种心灵的宁静与纯洁。

品德与书法的关系即“书如其人”。明代的项穆在《书法雅言》中也有类似的评价：“心为人之帅，心正则人正矣。笔为书之充，笔正则书正矣。”

我国宋代诗人秦观在《渥海集》中记有这样一个故事：有一年，秦观在河南汝阳县得了肠胃病，久治不愈，心情烦躁，每况愈下。一天，有位朋友拿了一幅唐代诗人王维作的山水画《辋川图》给秦观说：“你要常看这幅画，病自然就会好的！”秦观起初好奇，后来试着每天坚持看画数遍，渐渐地神清气爽起来。不久，果然食欲增强，恢复了健康。

（1）从现代医学的角度看，赏画是一种审美活动，它必然要引起患者的丰富联想，从而调节交感神经系统，直接影响免疫力。

（2）患者由于赏画入迷，促使身体分泌有益于健康的激素，起着调节血流量、增强免疫机能的作用，进而促进疾病的痊愈。

近年来，随着社会经济发展，人民群众物质和精神文化生活水平的大大提高，无论是作为调节身心健康的群众活动，抑或用于心理咨询与治疗的专门技术方法，书法、绘画都引起社会各界的广泛关注。

5.心理自我调节的专门方法。

（1）暗示调节。心理暗示是被公认的大众心理现象之一。

心理暗示是指：用含蓄、间接的方式，对别人的心理和行为产生影响。暗示作用往往会使别人不自觉地按照一定的方式行动，或者不加批判地接受一定的意见或信念。可见，暗示在本质上，是人的情感和观念，会不同程度地受到别人下意识的影响。

受暗示性是人的心理特性，它是人在漫长的进化过程中，形成的一种无意识的自我保护能力和学习能力：当处于陌生、危险的境地时，人会根据以往形成的经验，捕捉环境中的蛛丝马迹，迅速做出判断。当人处于一个新环境时，会无时无刻不被这个环境所“同化”，因为环境给他的心理暗示让他在不知不觉中学习。

在现代心理分析中，心理暗示是一个十分重要的概念，一个人会在自己的意念支配下发生生理变化，这就是心理暗示。因此在现代医学中，为了证实一种药物是否有疗效，首先应该避免的就是对病人施加的心理暗示，这样才能获得确切的治疗证据。

心理暗示有强弱之分，但是心理暗示效果的好坏（正负）无法由人的显意识控制，也就是不管你愿不愿意，不管你觉得这对你好与不好，你已经受到了心理暗示，而且无时无刻不在接受心理暗示。它是人的一种本能，动物的各种行为的学习，都是由于心理暗示的作用才得以实现。

人们为了追求成功和逃避痛苦，会不自觉地使用各种自我暗示，即自己对自己进行的心理暗示，如困难来临时，人们会安慰自己：“快过去了，快过去了。”从而减少痛苦。人们在追求成功时，会设想目标实现时那非常美好、激动人心的情景。这个情景就对人构成自我暗示，它为人们提供动力，使人们提高挫折耐受能力，保持积极向上的精神状态。

催眠是心理暗示的一种方法和技术。但是，催眠和心理暗示有本质区别：催眠必须让人完全失去显意识，也就是将潜意识暴露出来，这种技术只在心理医生那里才可以实现；心理暗示则完全不同。所以心理暗示最为常见，应用很多，我们每天都在接受并传达心理暗示。

心理暗示分为自我暗示与他暗示两种。自我暗示是指自己的显意识不断重复，迫使潜意识接受显意识的思考内容从而得到改变。这样，自己的心理（心理活动）可以给自己的人格（潜意识）施加某种影响，改变自己的个性与人格。

例如，有的人早晨在上班前或出去办事前习惯照照镜子，整整衣服，理理头发。有的人从镜子里看到自己脸色不太好，并且觉得上眼睑浮肿，恰巧昨晚睡眠又不好，这时马上就会有不快的感觉，顿时怀疑自己是否得了什么病，继而会觉得自己全身无力、腰痛，于是觉得自己不能上班了，甚至要去医院看病。这就是对健康不利的消极自我暗示作用。

有的人则不是这样。当在镜子里看到自己脸色不好，由于睡眠不好而精神有些不振，眼圈发黑时，马上用理智控制自己的紧张情绪，并且进行自我暗示：到户外活动活动，做做操，练练太极拳，呼吸一下新鲜空气就会好的，于是精神振作起来，高高兴兴地去工作了。这种积极的自我暗示，有利于身心健康。恰当地使用心理暗示可以起到消除紧张焦虑情绪，建立乐观积极心态的作用。

我们在生活中无时无刻不在接收着外界的暗示，如电视广告对购物心理的暗示作用。在无意中，广告信息会进入人们的潜意识。这些信息反复重播，在人的潜意识中积累下来。当人们购物时，人的意识就会受到潜意识中这些广告信息的影响。

暗示作用的本质是利用潜意识的作用原理，各种各样的暗示，会被潜意识接收。当然，潜意识也不是盲目的，意识和潜意识之间存在着沟通和联系。但由意识控制潜意识的能力因人而异。同时，观念的形成是外因通过内因起作用。在内因方面，主观检验的水平由各人的智力结构和素质决定。

暗示对潜意识有影响。如果一位母亲由于莫名的烦躁，每天对孩子的不上进感到焦虑，经常打骂指责孩子，并对孩子说："你瞎了吗，这样的东西都看不见？"或者："你聋了吗，我讲的话你都听不进去？"在这里可以看出，她在打痛孩子肉体的过程中，不自觉地向孩子潜意识注入消极暗示，可以预见的是，这个孩子将来或许在他的视觉或听觉方面会有心理障碍，有可能听不清音色，或者看不全颜色。

心理暗示有时也给人体带来不良的影响。例如"假孕"，它是指有的女同志结婚后很想怀孕，由于焦虑而十分害怕月经按时来潮，使怀孕失败。由于这种迫切的心情，所以当自己的月经过期未来时，就觉得自己怀孕了。很快又觉得自己开始厌食，恶心、呕吐，喜吃带刺激性的食物，于是到医院就诊。但医生经检查和化验后，发现并不是怀孕。这是因为想怀孕的强烈愿望及焦虑的心理因素，破坏了人体内分泌功能的正常进行，尤其是影响下丘脑垂体对卵巢功能的调节，使体内的孕激素增高和排卵受到抑制，从而出现暂时闭经的结果。

心理暗示也能对人产生积极作用。比如，暗示可以发掘人的记忆潜力。有人做过实验，分别让两组学生朗读同一首诗。第一组在朗读前，主试告诉他们这是著名诗人的诗，这就是一种暗示。对第二组，主试不告诉他们这是谁写的诗。朗读后立即让学生默写。结果是第一组的记忆率为56.6%，第二组的记忆率为30.1%。这说明权威的暗示对学生的记忆力很有影响。

心理学家巴甫洛夫认为，暗示是人类最简单、最典型的条件反射。从心理机制上讲，它是一种被主观意愿肯定的假设，不一定有根据，但由于主观上已肯定了它的存在，心理上便竭力趋向于这项内容。

心理暗示对人的心理活动和行为具有显著的影响，内部语言可以引起或抑制不好的心理和行为。自我暗示即通过内部语言来提醒和安慰自己，如提醒自己不要灰心、不要着急等，以此来缓解心理压力，调节不良情绪。暗示是一个正常的心理现象，人群中约有三分之一的人有较强的暗示和自我暗示效应，他们容易无条件、非理性地接受一些观念和说法。

古今中外不乏心理暗示成功的例子，如望梅止渴的故事，东汉末年，曹操率领部队去讨伐张绣。时值七八月间，骄阳似火，万里无云，士兵们口渴难忍，行军速度明显变慢，有几个体弱的士兵竟然体力不支晕倒在道旁。曹操见状，非常着急，心想如果再这样下去，部队根本不能如期到达目的地，战斗力也会大大削弱。于是他叫来向导，询问附近可有水源。向导说最近的水源在山谷的另一边，还有不短的路程。曹操沉思一阵之后，一夹马肚子，快速赶到队伍前面，然后很高兴地转过马头对士兵说："诸位将士，前边有一大片梅林，那里的梅子红红的，肯定很好吃，我们加快脚步，过了这个山丘就到梅林了！”士兵们一听，不禁口舌生津，精神大振，步伐加快了许多。

曹操这位历史上出色的军事家和政治家，有意无意间利用了心理学中十分重要的心理暗示现象。

（2）放松调节。放松是指人对事物的注意或控制由紧变松。放松的方法有很多，如想象放松法、肌肉放松法等。需要注意的是，放松应经常化，平时多放松，才会收到很好的效果。

用放松的方法来调节因挫折引起的紧张不安感。放松调节是通过对身体各部主要肌肉的系统放松练习，抑制伴随紧张而产生的血压升高、头痛以及手脚冒汗等生理反应，从而减轻心理上的压力和紧张焦虑情绪。

（3）呼吸调节。这是情绪调节的一种方法，通过特定的呼吸方法，来解除精神紧张、压抑、焦虑和急躁等。比如，紧张时，采用深呼吸的方法可减缓紧张感。平时也可以到空气新鲜的大自然中去做呼吸训练，使情绪得到良好调节。

（4）想象调节。想象是一种特殊的思维形式，是人在头脑里对已储存的表象进行加工改造形成新形象的心理过程。它能突破时间和空间的束缚。想象能起到对机体的调节作用，还能起到预见未来的作用。

受挫心理调节能力并非要等到受挫后再来培养，而是在平时就要训练。想象调节是指在想象中，对现实生活中的挫折情况和使自己感到紧张焦虑的事件的预演，学会在想象的情境中放松自己，并使之迁移，从而达到能在真实的挫折情境和紧张的场合下对付各种不良的情绪反应。想象的基本做法是：首先学会有效的放松；其次把挫折和紧张事件按紧张的等级从低到高排列出来，制成等级表；最后由低向高进行想象训练，就能达到情绪改善的效果。

（5）正念冥想疗法。正念有三大要素：有意识的关注、非评判的态度和专注于当下的立足点。冥想是身心灵修习的一种很好的方法，现在已被尝试应用到心理治疗和心灵成长活动中。冥想可以减少紧张、焦虑、抑郁等情绪，有规律地练习冥想会增强意识，有助于抑郁症患者获得启迪。有研究指出，正念冥想的主要方法有：

第一，山的冥想。你可以选择任何你觉得舒适的坐姿。盘腿坐禅会更好，因为这样的姿势更像一座山。在心中想象一座秀丽的山，关注它的雄伟、沉稳和美丽。观察它，体会它的品质。然后，将这座山代入身体，让你与心中的山融为一体。将自己幻化为一座山，体验山的力量与沉稳。

第二，湖的冥想。在心中想象湖水的图案后，可以躺卧下来，或是静坐，使自己与湖融为一体。想象自己就像湖水一样善纳万物。在每一个当下，伴着湖的形象呼吸，敞开心胸，映照浮现出的一切东西，留意自己头脑中的各种能量活动，留意自己的心灵什么时候平静如镜，什么时候风起浪卷，留意湖面之下的平静。

第三，行禅。你可以选择坐半个小时，或45分钟后，练习行禅一段时间。在练习行禅的时候，你可以将注意力集中在行走上，也可以将注意力集中在行走的各个分解动作上，如抬腿、向前推、放脚、着地。如果是坐禅和行禅相配合，你可以在家里选择来回地走。如果是单独行禅，你可以选择到户外小路上行走。最主要的是将注意力放在双脚上，全身心投入当下。

第四，立禅。立禅最佳的观想对象是大树。你可以想象自己像一棵树一样站立，双脚在地下扎根。感受自己的呼吸，在每一刻，感受自己的站立姿势。呼吸、存在，感受风吹在皮肤上，感受双脚与大地的接触，感受心灵的跳动。每一次，当身处林中或是山间，抑或在等公交车时，尝试这样静立。当一个人独处时，可以张开双手，以各种姿势伸展，就像树枝和树叶一样，开放、包容、耐心地伸展。

第五，卧禅。在每天晚上睡觉前，躺卧在床上，给自己的身体一次放松的扫描。从头部开始，给自己身体每一个部位下一个指令，让身体完全地放松下来。每天早上醒来的时候，也不要急于马上离开床。试着静静地躺几分钟，感受自己的呼吸，要特别注意自己身体的问题部位，让呼吸引导它与身体其他部位融合。

6.心理自我平衡术。

（1）自嘲法。生活中当遇到一些尴尬或难堪的场合时，若一味地埋怨和逃避往往会使自己的心态越来越坏。不妨调侃一下自己，通过自嘲而达到出奇制胜之效果，从而使心理达到一种高层次的平衡。

（2）遗忘法。现实中不少人终日生活在对往事的痛苦回忆中，反复品尝旧时受到的挫折，陷入恶性循环中，使心理越发不平衡。因此必须学会遗忘，这是对痛苦的解脱，能使身心获得宽慰，从而激发出新的力量。

（3）激励法。要走出每日“消沉—后悔”的心理不平衡怪圈，给自己确立一个值得去追求的目标。出去找个朋友聊聊天，踏踏实实干点活，参加一个培训使自己的精力集中起来等。有了成功的经验和自信，我们就能再选择更高的目标激励自己。

（4）闲聊法。闲聊对心理调适起很大功效。它可缓解紧张，消除隔膜，表达温情，避免碰撞，化解怨气，发泄怒火。

（5）哭泣法。我们应当让自己随情绪波动而哭泣。哭能使人产生有益的激素。

（6）移情法。移情是精神分析用语，是指来访者将自己过去对生活中某些重要人物的情愿投射到心理咨询师身上的过程。它是宣泄、调节情感的一种有效方式。

三、心理健康的帮助机制

心理自我调节能力有一定的限度，比较严重的心理问题则需要心理咨询师或亲朋好友的帮助。随着社会经济的快速发展，社会竞争的激烈，遇到心理问题寻求帮助将会成为常态。

（一）心理咨询概念

心理咨询以解决轻度的，属于机能性的心理失常为主，不是所有心理问题都可以通过咨询解决。心理咨询是咨询师协助求助者解决心理问题的过程，不是包办代替。心理治疗则是心理治疗师对求助者的心理和行为问题进行矫治的过程。

不同心理咨询学派确定咨询目标各有特点。人本主义心理学的代表人物是马斯洛等，其强调人自身的能力、潜能，将咨询对象当成一个独立的、有能力决定自己行为的自我实现的人。

行为主义理论的代表人物是巴甫洛夫和华生等，这个学派探索刺激与心理反应的关系，认为行为是个体及其情境的反馈，是典型的环境决定论。根据行为主义理论，可用行为名称来描述具体的、可观察的、可测量的，特殊的、微观的、短期的目标。

精神分析学派的目标是将潜意识意识化，重组基本人格，处理压抑的冲突。

心理平衡疗法则强调心身一体，既注重消极心理因素的消除，也强调积极心理因素的挖掘和提升，实现心理平衡发展。[①]

（二）心理咨询对象

心理咨询主要的对象是心理正常，但遇到了与心理有关的现实问题，或者心理健康出现了问题并请求帮助的人员。主要包括有心理问题的心理异常者、确诊的或可能患有神经症或其他精神障碍的人等。

（三）心理咨询种类

1.发展心理咨询。

发展心理咨询是指为适应新的生存环境，为今后选择合适的职业、对象、居所等，为个人事业的成功突破个人弱点所要进行的心理咨询。咨询可使得咨询对象更好地认识和调节自己，达到更高的人生目标，解决人生过程的各个阶段出现的问题。

2.健康心理咨询。

健康心理咨询针对精神正常，但因各类刺激引起焦虑、恐惧、抑郁等情绪与行为问题的人员。目的是帮助他们恢复心理健康。主要进

---

① 叶扬：《心理平衡疗法的理论与实践》，载《法制心理学的新起点》，罗大华主编，吉林人民出版社2004年版，第243–251页。

行知识与技巧教育，帮助他们以适当的方式摆脱目前的心理困境。

（四）心理咨询技术的层次

心理咨询是划分为不同层次的。初级心理咨询主要查找关键的心理症状，中级心理咨询专门分析心理问题的成因，高级心理咨询消除心理问题获利的次级动机。

1. 初级心理咨询。

心理咨询师主要把握求助者心理问题的主导症状，运用心理学知识开展对症下药式的咨询。比如，青少年考试焦虑，可以直接用放松方法将其快速消除。

这类咨询一般时间短、见效快，但是，往往治标不治本，事后易反复。这是心理咨询的初级形式。

初级咨询常用认知行为疗法和行为分析等方法。

2. 中级心理咨询。

这类咨询的特点是咨询师不直接面对心理症状，专做原因分析，让当事人自我觉察和领悟心理问题的实质，从而标本兼治。

这类咨询中最典型的方法是精神分析，咨询师让咨询对象自由联想，他们只在一旁倾听。这类咨询的特点是所需要的时间比较长，见效慢，属长程咨询。

这类咨询面对的心理问题是现实的，但是，在心理分析时大多会联想到既往，特别是童年的心理创伤，这些既往的事件是无法改变的，这样就有可能将不同时期的心理问题的咨询都始终同既往的某一创伤事件挂钩。

3. 高级心理咨询。

更高一层的方法则是在心理问题咨询中，既不直接面对症状，也不直接寻找原因，而是寻找和消除心理问题的次级获利动机，使心理问题失去存在的动力。

最典型的方法是人本主义心理学，从需要入手，以求助者为中心。强调心理问题的人性、整体性特点和当事人的主导地位，是更加高级的心理咨询。

（五）心理咨询方式

1.门诊咨询。

门诊面对面咨询，是心理咨询中最主要而且最有效的方法，特点是能及时对求助者进行各类测验、诊断，及时发现问题，做出妥善处理，如转诊或会诊等。

2.电话咨询。

电话心理咨询是利用电话给求助者进行支持性咨询。早期多用于心理危机干预，防止心理危机所导致的恶性事件，如自杀、暴力行为等。

3.书信、网络、现场心理咨询。

这些是随着社会发展，以及对心理咨询需要的多样性而出现的新型心理咨询形式，能够在一定程度上帮助求助者，其最重要的意义在于普及心理健康知识与方法。

（六）社区矫正对象心理咨询中常见心理问题

第一，社区矫正对象的认知问题。

1.认知问题表现形式。

（1）不服判决。比如，冤枉说：无中生有、屈打成招；被害说：经济纠纷、家庭矛盾等不是犯罪；时运不济说：运气不好，有错无罪。

（2）认罪不服判，认为轻罪重判。认为政府不给机会，一棍子打死人。

2.认知问题的原因分析：（1）法制观念淡薄。（2）心存侥幸。（3）消极的思维习惯。

3.认知问题的解决方法：（1）消除根源法。比如，妻子闹离婚引起焦虑，寻求调解让妻子打消离婚念头。（2）对症治疗法。通过放松转移注意力等，也可以消除焦虑。

重构认知模式：（1）认知方向、坐标。积极与消极：只看到判刑，没看到已经获得从轻处罚。不合理的比较：与不判的比较，不与从重判决者比较。（2）认知的理性逻辑。改判要有新证据（人与物）。

4.认知转变过程：闹申诉，驳回、悔悟、接受现实。短则几个月，长则数年。

第二，社区矫正对象规制适应问题。

1.心理适应有三个层面：（1）生存适应。保持身体和心理健康。（2）规则适应。适应法制和行为规范。（3）发展适应。与时俱进。

2.社区矫正对象规制不适应的表现。

（1）不请假外出。

（2）不服从监管，顶撞管教人员。

（3）不回户籍所在地报到接受社区矫正，逃匿。

（4）继续为恶（吸贩毒、赌博、行凶等）。

3.社区矫正对象规制不适应原因。

（1）恶习深重，积重难返。

（2）坏人引诱，特别是涉毒、涉赌。

（3）小恶惩后易复发，矫治不持续、不彻底。

4.社区矫正对象规制适应方法。

（1）学法守法，增强法制观念，自觉接受社区矫治。

（2）正本清源，莫因恶小而为之。

（3）前事不忘、后事之师，遇事三思而行。

（4）适应性训练、辅导和咨询。

第三，社区矫正对象人际关系。

1.与人关系敏感、冷酷无情等，与亲朋关系不融洽。原因是一朝被蛇咬十年怕井绳的挫折心理在作怪，进而怀疑人生，对人猜忌、敌对等。

2.消除方法。

（1）平复心理创伤，消除创伤情结。

（2）常怀感恩之心，以宽容的态度待人，建立和谐的人际关系。

（3）使矛盾在沟通中化解。

第二章

心理测验知识

心理测验是指运用心理测验方法，了解被试者的心理活动特点及其发展规律，对其心理健康状况做出科学评估的技术手段。

第一节　智力测验

所谓智力测验，主要是指对一般认知功能进行估价的测验。因为测验的结果，即一个人智力的高低常常用一个商数来表示，称为智商，所以智力测验又叫智商测验（IQ测验）。智力测验一般包括知觉、空间意识、语言能力、数字能力和记忆力方面的问题。要求受测者运用比较、类比、排列、分类、运算、理解、联想、整合、推理、判断、评价等技能来解答这些问题。目前，智力测验越来越广泛地应用到各个领域。智力测验分为个体测验和团体测验两种形式。

一、个体智力测验

个体智力测验中，目前国内外具有影响力和权威性的主要有比奈智力测验和韦克斯勒智力测验。

（一）比奈智力测验

其最早版本是法国心理学家比奈和他的助手西蒙在1905年编制的，被称为“比奈—西蒙量表”（Binet-Simon scale）。这套测验由30个从易到难的题目组成，以完成题目的数量来确定智力的高低。1908年，“比奈—西蒙量表”首次修订，题目增加到58个，并把测验题目按年龄分组，从3岁到15岁，每个年龄组的儿童中有一半能通过的题目即属于这个年龄组的题目。儿童通过了哪一个年龄组的题目，便说明他具有几岁的智力水平。另外，在这个测验中，首次采用“智力年龄”的概念来表示智力水平的高低。此后，该量表多次修订，日益完善，并在许多国家有了修订版本。“比奈—西蒙量表”于1922年传入我国，1924年，陆志韦先生首次对其做了修订。1982年，北京大学心理学教授吴天敏先生再次对“比奈—西蒙量表”进行了修订，称作《中国比内测验》。这套测验共有51道题，从2岁到18岁，每岁三个项目，最适合于测查小学生和初中生的智力水平。《中国比奈测验》的题目是从易到难排列的，容易的题目诸如比较两条线的长短，说出自己的姓名之类，适合于测查两三岁儿童的智力。也有难的题目，比方说解释成语、区别词义等，这类题目适于测查高中学生。测智力时，先根据受测者的年龄，从测验指导书的附表中查到开始的试题，然后按指导书进行测验，每答对1题记1分。如果连续5题没答对则停止测验。根据受测者得分和他的实足年龄，就可以从测验指导书的附表中查到受测者的智商。

（二）韦克斯勒智力测验

韦克斯勒认为，智力是个人有目的行动、理智思考以及有效应付环境的整体的或综合的能力。基于这种认识，韦克斯勒编制了一套韦克斯勒成人智力量表（WAIS），此外，他还编制了适用于6—16岁儿童的韦克斯勒儿童智力量表（WISC）和适用于4—6.5岁儿童的韦克斯勒学前儿童智力量表（WPPSI）。韦克斯勒的智力量表中设计了十多个分测验，以便能从各个侧面了解智力的全貌。他的三种智力量表的一个共同特点，就是都包括言语量表和操作量表两部分。以韦克斯勒儿童智力量表为例，言语测验包括常识测验、背数测验、词汇测验、理解测验、两物相似测验和算术测验；操作测验包括填图测验、图像组合测验、填图测试、图片排序测试、积木拼图测试、译码测试，两者交叉进行，为的是使整个测验过程更加有趣而富于变化。

韦克斯勒智力测验可以同时提供三个智商分数——总智商分数、

言语智商分数和操作智商分数，以及十个分测验分数，能较好地反映智力的整体和各个侧面。它不但能够评价一个人一般智力的高低，而且能了解他在不同能力方面的差异，这是它的独特之处，也是它得到广泛应用的重要原因之一。

二、团体智力测验

（一）瑞文渐进推理测验

瑞文渐进推理测验有三个版本，即标准测验、彩色测验、高级测验。

第一，标准测验。适用于6.5岁至65岁，用于测定被测者的平均能力水平，时间为45分钟。

第二，彩色测验。适用于6岁至85岁，用于测定有心理疾病的人，时间为15分钟至30分钟。

第三，高级测验。适用于11岁至成人，用于测定平均能力水平之上的智力，时间为40分钟至60分钟。

（二）埃莉斯·赫曼系列测验

埃莉斯·赫曼与她的同事在剑桥大学开展研究工作，1970年形成了两个版本，一个版本是为科学家和工程师设计的，另一个版本是为艺术家及一般学生设计的，这两个版本又称AH6。1974年，又形成了AH2和AH3两个版本。

AH2和AH3这两个版本，各包括三组40个题目，测试后获得三个分数，即言语智力分数、数字智力分数和认知能力分数。

言语智力测验包括四类题目：类推、问题、古怪人测试、家庭关系测试。

数字智力也有四类题目：系列、问题、类推和规则。

认知能力四类题目包括：相似、类推、差别和系列。

在本项测验中，N和V分数是测验一般的基础知识，即晶体智力；P分数测验一般的推理能力，即流体智力。该测验常模源于600名11

岁儿童和600名14岁儿童、224名技术学院学生、648名健康训练中心人员，没有明显的性别差异。适用于艺术类及科学类的毕业生。

（三）华生—格拉塞临界思维评价测验

该测试形成于1964年，主要测验晶体能力，为人员选拔而设计。它包括四个分量表：根据事实写出推论，根据事实写出解释，解释话题，评价争论。

第二节　人格测验

一、明尼苏达多项人格问卷（MMPI）

明尼苏达多项人格问卷由美国明尼苏达大学教授哈撒韦和麦金利于20世纪40年代编制。适用于16岁以上年龄人员的测试。有性别差异，并分别有常模。

常模：选取了广泛的人员作为被测者。

变量：MMPI包括14种变量，20个量表。标准量表有4个效度量表和10个诊断量表。

4个效度量表是：疑问量表（Q）、说谎量表（L）、诈病量表（F）、校正量表（K）。

10个诊断量表是：

1.疑病量表（Hs）。

2.抑郁量表（D）。

3.癔病量表（Hy）。

4.精神病态量表（Pd）。

5.男子气或女子气量表（Mf）。

6.妄想狂量表（Pa）。

7.精神衰弱量表（Pt）。

8.精神分裂症量表（Sc）。

9.轻躁狂量表（Ma）。

10.社会内向量表（Si）。

信度：有些精神分裂症量表信度不高。内部一致性仅有0.20至0.30，28个量表中仅有两个超过0.70。

效度：效度也不平衡，有些量表较高，有些较低。

回答问题形式：用正确或错误选择。

问题数量：一共有566个，简易量表399个。

答题时间：90分钟。

MMPI的分数运用电脑或“套版”统计，可以得出14个量表上不同的分数，这是原始分。由于每个量表的题目数量不同，各量表的原始分数无法比较，因此需要换算成T分数。如果T分在70分以上（按美国常模），或T分在60分以上（按中国常模），便视为可能有病理性异常表现或某种心理偏离现象。另外，还要作出得分的剖面图，以对被测者的测试结果作全面、综合的分析。

二、艾森克个性问卷（EPQ）

由英国心理学家艾森克夫妇于1952年正式发表，随后又经多次增订，最后于1975年再次修订并命名为艾森克人格问卷。适用于16岁以上年龄的人员。性别虽有差异，但是各有独立常模。

常模：有大约5000个被试加入了常模测试。

变量：E—内、外向；N—神经质；P—精神质：L—掩饰性。

信度：内部一致性系数全部超过0.70，除了P量表对正常女性测试以外，其余都超过0.80；除了P量表以外，重测信度超过0.70，有一些超过0.90。

效度：效度水平普遍较高。

问题形式：是或否。

试题数量：88道。

测试时间：45分钟。

EPQ是一种自陈测试，在成人问卷中包括88个条目，这些条目让被测者根据自己的情况回答“是”或“否”，然后按E、N、P和L四个量表记分，前三者分别代表艾森克人格结构的三个维度，L是后来加进的一个效度量表，但也代表一种稳定的人格功能，即反映被测者的社会朴实或幼稚水平。最后，再根据被测者在四个量表中所获得的粗分，按被测者的年龄、性别常模换算出标准T分，以分析被测者的个性特征。

三、卡特尔16种个性因素测验（16PF）

卡特尔16种人格因素测验是美国伊利诺伊大学人格能力测验研究所卡特尔教授等人经过几十年的系统观察、科学实验，以及用因素分析统计法慎重确定和编制而成的一种精确可靠的测验，与其他类似的测验相比，它能以同等的时间（约40分钟）测验更多的人格特质，并可作为了解心理障碍的个性原因及心身疾病诊断的重要手段，也可用于人才的选拔。

性别差异：存在性别差异，并分别有常模。

变量：A—缄默孤独与乐群外向；B—学识浅薄与富有才识；C—情绪激动与情绪稳定；E—谦虚顺从与好强固执；F—严肃审慎与轻松兴奋；G—权宜敷衍与有恒负责；H—畏缩退怯与冒险敢为；I—理智、着重实际与敏感、感情用事；L—依赖随和与怀疑刚愎；M—现实、合乎成规与幻想、狂放不羁；N—坦白、直率、天真与精明能干、世故；O—安详沉着、有自信心与忧虑抑郁、烦恼多端；Q1—保守、服膺传统与自由、批评激进；Q2—依赖、随群附众与自主、当机立断；Q3—矛盾冲突不明大体与知己知彼、自律严谨；Q4—心平气和与紧张困扰。

16种初级个性因素经过计算，又可以获得4种应用个性因素：

第一种，内向型与外向型；

第二种，低焦虑型与高焦虑型；

第三种，敏感感情用事型与安静型；

第四种，依赖型与独立型。

该量表具有较高的信度、效度，回答时尽量避免选择中间答案。

题目数量：187个。

完成时间：35—45分钟。

社会矫正对象还可以运用《中国罪犯个性分测验》，对与犯罪有关的个性进行科学评估。

第三节　心理健康状况评定量表

一、症状自评量表（SCL–90）

本测验适用对象为16岁以上的人员。本测验的目的是从感觉、情感、思维、意识、行为直到生活习惯、人际关系、饮食睡眠等多种角度，评定一个人是否有某种心理症状及其严重程度如何。它对有心理症状（即可能有心理障碍或处于心理障碍边缘）的人有良好的区分能力。适用于测查某人群中哪些人可能有心理障碍，某人可能有何种心理障碍及其严重程度如何，不适用于躁狂症和精神分裂症。症状自评量表包含90个项目（测题），可反映出比较广泛的精神病症状学内容，如思维、情感、行为、人际关系、生活习惯方面的偏离和异常。此量表除用来自评外，也可作为医生评定病人症状的一种方法。如果怀疑被测者患有精神疾病，可作为进一步进行精神病学诊断的症状基础。对每一个项目，可进行5级评分（1—5）：无、轻度、中度、较重、严重。

各个统计指标的含义如下：

（一）总分项目

（1）总分：90个项目单项分相加之和，能反映其病情严重程度。

（2）总均分：总分90，表示从总体情况看，该被测者的自我感觉位于1—5级间的哪一个分值程度上。

（3）阳性项目数：单项分≥2的项目数，表示被测者在多少项目上有“病状”。

（4）阴性项目数：单项分=1的项目数，表示被测者“无症状”的项目有多少。

（5）阳性症状均分：（总分–阴性项目数）/阳性项目数，表示被测者在“有症状”项目中的平均得分。反映被测者自我感觉不佳的项目，其严重程度究竟介于哪个范围。

（二）因子分及含义

因子分共包括10个因子，即所有90个项目分为10大类。每一个因子反映被测者某一方面的情况，因而通过因子分可以了解被测者的症状分布特点，并可作廓图分析。

症状自评量表共包含9个因子，其含义如下：

1.躯体化：包含12个项目，主要反映身体不适感，包括心血管、胃肠道、呼吸和其他系统的主诉不适，和头痛、背痛、肌肉酸痛，以及焦虑的其他躯体表现。

2.强迫症状：包含10个项目，主要指那些明知没有必要，但又无法摆脱的无意义的思想、冲动和行为，以及一些比较一般的认知障碍的行为征象。

3.人际关系敏感：包含9项。主要指某些人的自卑感，尤其在人际交往中更加突出，表现为心神不安，明显不自在，以及人际交流中自我意识的不正确和消极的期待等。

4.抑郁：包含13项。以苦闷的情感与心境为代表性症状，以生活兴趣减退、动力缺乏、活力丧失等为特征。还反映失望、悲观以及与抑郁相联系的认知和躯体方面的感受，甚至出现有关死亡的思想和自杀观念。

5.焦虑：包含10项。一般指烦躁、坐立不安、神经过敏、紧张以及由此产生的躯体征象（如震颤等）。主要用来测定游移不定的焦虑和惊恐发作以及有关的躯体感受。

6.敌对：包含6项。主要从思想、感情、行为三方面来反映敌对的表现，如厌烦、摔东西、争论时情绪失控、脾气暴躁等。

7.恐惧：包含7项。恐惧的对象有出门旅行、空旷场地、人群、公共场所和交通工具，以及社交。

8.偏执：包含6项。反映了偏执性思维的基本特征，主要指投射性思维、敌对、猜疑、关系观念、妄想、被动体验和夸大等。

9.精神病性：包含10项。反映各式各样的急性症状和行为，主要是比较隐晦、限定不严的精神病性过程的一些表现，同时也反映精神病性行为的继发征兆和分裂性生活方式的征候。

10.其他因子：主要反映睡眠及饮食情况，以便使各因子得分之和等于总分。

按全国常模结果，总分超过160分，或阳性项目数超过43项，或任一因子分超过2分，需考虑筛选阳性，进一步检查。

二、抑郁自评量表（SDS）

（一）测验材料

抑郁自评量表编制于1965年。本量表含有20个反映抑郁主观感受的项目，每个项目按症状出现的频度分为四级评分，其中10个为正向评分，10个为反向评分。

（二）适用范围

本量表可以评定抑郁症状的轻重程度及其在治疗中的变化，特别适用于发现抑郁症病人。其评定对象为具有抑郁症状的成年人。

（三）量表内容

以下为SDS量表的内容（带*为反向评分题）：

1.我觉得闷闷不乐，情绪低沉（忧郁）。

*2.我觉得一天中早晨最好（晨重夜轻）。

3.一阵阵哭出来或觉得想哭（易哭）。

4.我晚上睡眠不好（睡眠障碍）。

*5.我吃得跟平常一样多（食欲减退）。

*6.我与异性密切接触时和以往一样感到愉快（性兴趣减退）。

7.我发觉我的体重在下降（体重减轻）。

8.我有便秘的苦恼（便秘）。

9.心跳比平常快（心悸）。

10.我无缘无故地感到疲乏（易倦）。

*11.我的头脑和平常一样清楚（思考困难）。

*12. 我觉得经常做的事情并没有困难（能力减退）。

13. 我觉得不安而平静不下来（不安）。

*14. 我对未来抱有希望（绝望）。

15. 我比平常容易生气激动（易激惹）。

*16. 我觉得做出决定是容易的（决断困难）。

*17. 我觉得自己是个有用的人，有人需要我（无用感）。

*18. 我的生活过得很有意思（生活空虚感）。

19. 我认为如果我死了，别人会生活得更好（无价值感）。

*20. 平常感兴趣的事我仍然感兴趣（兴趣丧失）。

（四）施测步骤

1. 自评者在评定以前，一定要把整个量表的填写方法及每条问题的含义都弄明白，然后作出独立的、不受任何人影响的自我评定。

在对20个项目评定时依据的等级标准为：

（1）没有或很少时间；

（2）少部分时间；

（3）相当多时间；

（4）绝大部分时间或全部时间。

填写时，要求自评者仔细阅读每一条，把意思弄明白，然后根据最近一周的实际感受，在适当的数字上标记。

2. 如果自评者的文化程度太低，不能理解或看不懂SDS问题的内容，可由工作人员逐条念给他听，让他独自作出决定。

3. 评定时，应让自评者理解反向评分的各题，SDS有10个反向项目，如不能理解会直接影响统计效果。

4. 评定结束时，工作人员应仔细检查一下评定结果，应提醒自评者不要漏评某一项目，也不要在一个项目上重复评定。

（五）评分方法

若为正向评分题，依次评为1、2、3、4分；反向评分题则评为4、3、2、1分。待评定结束后，把20个项目中的各项分数相加，即得总粗分（X），然后将粗分乘以1.25取整数部分，就得到标准分（Y）。

按照中国常模结果，SDS标准分的分界值为53分，其中53—62分为轻度抑郁，63—72分为中度抑郁，73分及以上为重度抑郁。

三、焦虑自评量表（SAS）

（一）测验材料

焦虑自评量表含有20个反映焦虑主观感受的项目，每个项目按症状出现的频度分为四级评分，其中15个正向评分，5个（带*号）反向评分。

（二）适用范围

本量表可以评定焦虑症状的轻重程度及在治疗中的变化，适用于具有焦虑症状的成年人。主要用于疗效评估，不能用于诊断。

（三）量表内容

1.我觉得比平常容易紧张和着急（焦虑）。
2.我无缘无故地感到害怕（害怕）。
3.我容易心里烦乱或觉得惊恐（惊恐）。
4.我觉得我可能将要发疯（发疯感）。
*5.我觉得一切都很好，也不会发生什么不幸（不幸预感）。
6.我手脚发抖打战（手足颤抖）。
7.我因为头疼、头颈痛和背痛而苦恼（头疼）。
8.我感到容易衰弱和疲乏（乏力）。
*9.我觉得心平气和，并且容易安静地坐着（静坐不能）。
10.我觉得心跳加快（心悸）。
11.我因为一阵阵头晕而苦恼（头晕）。
12.我有晕倒发作或觉得要晕倒似的（晕厥感）。
*13.我呼气、吸气都感到很容易（呼吸困难）。
14.我手脚麻木和刺痛（手足刺痛）。
15.我因为胃痛和消化不良而苦恼（胃痛和消化不良）。

16.我常常要小便（尿意频数）。

*17.我的手脚常常是干燥温暖的（多汗）。

18.我脸红发热（面部潮红）。

*19.我容易入睡，并且一整夜睡得很好（睡眠障碍）。

20.我做噩梦（噩梦）。

（四）施测步骤

1.自评者在评定以前，一定要把整个量表的填写方法及每条问题的含义都弄明白，然后做出独立的、不受任何人影响的自我评定。其评分标准为："1"表示没有或很少时间有；"2"表示小部分时间有；"3"表示相当多时间有；"4"表示绝大部分或全部时间都有。

2.评定的时间范围是自评者过去一周。

3.如果评定者的文化程度太低，不能理解或看不懂SAS问题的内容，可由工作人员逐条念给他听，让他独自作出评定。

4.评定时，应让自评者理解反向评分的各题，SAS有5个反向项目，如不能理解会直接影响统计结果。

5.评定结束时，工作人员应仔细检查一下评定结果，应提醒自评者不要漏评某一项目，也不要在一个项目上重复评定。

（五）评分方法

若为正向评分题，依次评为粗分1、2、3、4分；反向评分题（带有*号者），则评为4、3、2、1分。与SDS一样，20个项目得分相加即得粗分（X），经过公式换算，即用粗分乘以1.25取整数部分，就得到标准分（Y）。

按照中国常模结果，SAS标准差的分界值为50分，其中50—59分为轻度焦虑，60—69分为中度焦虑，69分以上为重度焦虑。

第三章

不同学派的心理学知识[①]

第一节　精神分析

精神分析学派是由奥地利精神病学家弗洛伊德在1896年创立的。该学派的理论深入人的深层精神世界，为现代心理学展现出一个全新领域，冲击了现代社会意识和社会生活的各个侧面，为人类做出了辉煌的贡献。

一、精神分析的基本内容

（一）关于潜意识和压抑的知识

精神分析的一个基本概念是：作为一切意识行为基础的是一种潜意识的心理活动。在弗洛伊德的早期著作中，认为人的精神生活主要由两个独立的部分构成，即意识和潜意识，中间夹着很小的一部分为前意识。

潜意识有两个含义：一个是指人们对自己一些行为的真正原因和动机不能意识到；另一个是指人们在清醒的意识下面还有潜在的心理活动。作为后一种含义的潜意识包含了各种为人类社会伦理、道德、宗教、法律所不能容许的原始的、动物性的本能冲动，以及各种与本能有关的欲望，它也是过去经验的大储存库。这些无法得到满足的情感经验、本能欲望与冲动是被压抑到潜意识之中的，但它们并不肯安分守己地待在那里，而是在潜意识中积极地活动着，不断地寻找出

① 叶扬主编：《中国罪犯心理矫治教程》，法律出版社2003年版，第20–45页。

路，追求满足。

前意识介于意识与潜意识之间，其所包含的内容通过努力是可召唤到意识中去的。意识在弗洛伊德的理论中不太重要，只是一个人的心理活动的有限的外显部分。正常人的思维和行为都属于意识系统。

人的心理活动中的意识、潜意识和前意识之间所保持的是一种动态平衡。潜意识之中各种本能和欲望一直都在积极活动。但是，因其是为社会道德、宗教、法律所不能容许的，所以当其出现时会在意识中唤起焦虑、羞耻感和罪恶感，因之个体会自动加以抵抗，进行压抑。压抑的功能是把主体经历的回忆、各种欲望和冲动保存、隐藏起来，不让它们在意识中出现。这些东西虽然不能被个体觉察，却在潜意识中“兴风作浪”，并在人的一生中占有重要的地位。压抑是潜意识的，被压抑的内容也是潜意识的。

曾经从事过犯罪活动的社区矫正对象，潜意识的冲动会比正常人还要激烈。尤其是社区矫正对象在狱内经过一段时间的教育之后，潜意识的各种欲望和本能冲动大都被很好地保存或隐藏起来，或者以自我防御机制的形式表现出来。所以，掌握潜意识和压抑的理论，对于了解社区矫正对象深层次的心理表现是有很大帮助的。

（二）关于人格构成的知识

弗洛伊德认为，人格由本我、自我、超我三部分组成。

1. 本我。本我是人格中最原始的、与生俱来的、野蛮和邪恶的冲动。它代表了潜意识的生物本能和欲望，按照“快乐原则”行事，不顾及后果，追求直接的、绝对的和立即的满足，以释放紧张和焦虑。

2. 自我。自我是现实化了的本能，是人格的意识结构部分，是在与外界环境接触过程中由本我发展而来的，由于现实的陶冶变得渐识时务，不再受“快乐原则”的支配去盲目地追求满足，而是在“现实原则”指导下力争既避免痛苦，又能获得满足。自我在人格结构中代表着理性和审慎。它在同外界现实的相互作用中成长，对外感受现实，在超我的指导下正确认识现实和适应现实，对内调节本我之中本能欲望的宣泄。

3.超我。超我是从自我发展起来的一部分，是在社会化过程中，将道德规范、社会要求内化为自身良心、理性，对个人的动机、欲望和行为进行管制，诱导自我使之符合社会规范，使个体向理想努力，达到完善的人格。超我就像是内心的司法系统，它遵循“至善原则”，凡不符合超我要求的活动将引起良心的不安、内疚，甚至罪恶感。

人们的意识体验和行为表现，不过是心理结构内部本我、自我、超我之间相互斗争的结果。这种潜意识斗争，乃是性欲和攻击欲望驱力与道德、现实社会和文明约束的斗争。一个人要保持心理健康，要生活得顺利而有序，就必须依赖人格本我、自我、超我这三种力量的均衡协调，一旦不平衡，就容易出现心理失调。

一个完全由“本我”控制的人将是冲动性的，而一个完全由“超我”控制的人则是一个道德至上和完美主义者。“自我”的机能就是使个体在这两者之间保持平衡，强健的“自我”对良好的个性功能是重要的。对于心理成熟者，“超我”是一种道德指导，但这种指导的方向可以从现实来考虑，可以根据我们内心其他的感觉来接受或排斥它，而且要考虑环境提供的可能性。

人之所以犯罪，一部分是因为其潜意识的本能冲动（性本能、攻击、侵犯），当这些潜意识的本能在他们的内心深处产生动机与冲突时，就会导致非理性行为（即违法犯罪行为）的发生。矫治的重点就是对社区矫正对象的人格进行再社会化，逐步改变其不良的人格结构，使人格中的本能冲动减弱，增强自控能力，并最终成为奉公守法的公民。事实上，让他们接受教育，进行法制观念的灌输，就是为了加强自我控制能力。而且，入矫期间，不允许他们的本能冲动违反纪律和损害他人利益，而是要学会守纪与克制。通过一段时期的教育矫治，当他们的本能冲动不适当地表现出来时，就会在其意识层面中唤起焦虑，产生羞耻感和罪恶感。因此，他们为了避免惩罚，就要尽可能地压抑不允许表露的本能冲动部分。但长期的压抑又会加重心理负担、甚至出现焦虑、抑郁、烦恼、紧张、多疑等不良的情绪，甚至出现神经症或精神异常，所以就需要开展心理辅导工作帮助他们进行心理调适，通过开展心理健康教育，增强自我调适能力。

（三）关于性欲的知识

性欲是弗洛伊德在潜意识的本我动机中所列的主要欲求之一。他认为，性欲的压抑或畸形乃是造成心理失常的重要原因。在性的后面有一种潜力、动力，常驱使着人们去追求快感。人的性心理是从婴儿时期开始的，在弗洛伊德看来，儿童的早期经历对一个人今后的心理发展是至关重要的。

弗洛伊德认为，性心理的发展过程中，如果在某一阶段发生停滞或倒退，就有可能发生心理异常。比如，在口欲期阶段，婴儿通过欲望的满足来建立对世界的安全感和对人的基本依赖，倘若遇到挫折，就容易变得不信任人，缺乏安全感。同时，婴儿通过与其他人（主要是母亲）的关系，肯定自己的界限；由于此阶段自我界限与现实感尚未稳固，遇到挫折便会呈现幻觉、投射、否认等心理防御机制，此阶段被假设为各种精神病发源关键时期；在肛门期阶段，主要是通过学习实现自治、自律，此阶段的受挫常被认为是强迫症的病理根源；性器期阶段的障碍对将来性心理的发展有较大影响，会造成各种性异常。

二、精神分析的方法

弗洛伊德认为，神经症和精神病是患者潜意识的愿望和社会相矛盾所引起的根植于内部的问题。心理治疗正是要尝试找到问题的潜意识根源，即通过治疗使个体可以现实地适应内心冲动和外部环境。

根据精神分析理论的观点，犯罪行为的产生除犯罪者所叙述的有意识动机原因外，也与犯罪者潜意识的动机和冲突有关，这种潜意识的动机和冲突正是犯罪者以往矛盾心理的表现。因此，精神分析治疗的目的，就是通过深刻的精神分析，让社区矫正对象暴露早期体验并使其回到意识中，从而由糊涂到自知、领悟，以正视自身心理的矛盾，理智地对待冲突和焦虑，学会以社会可接受的方式控制自己的行为。精神分析的主要方法（步骤）有：

（一）自由联想

咨询师要求、鼓励、引导来访者将自己内心所想的任何事件或问题毫无拘束地倾诉出来，然后针对有关问题，帮助来访者克服心理上的困难。

（二）梦的解析

在自由联想时，来访者往往会提到做梦的经历，这是一项重要的精神分析资料。弗洛伊德认为，梦代表着个人欲望或潜意识冲突，梦的内容有些是外显的，经过多次联想并加以推导分析，可以发现其意识层面所压抑的问题或线索。

（三）移情分析

所谓移情，是分析治疗过程中，来访者将以往对别人（父母或情人）的情感关系，以扭曲的形式转移到咨询师身上，使本来单纯的咨询与被咨询的关系，转变为亲子间或情人间的感情关系。移情是一种潜意识的表达，虽然在表面上来看来访者以咨询师为感情对象，但事实上咨询师仅为代替者而已。通过移情分析，咨询师可以了解来访者以往的人际关系及感情经历，并帮助来访者从不真实的感情世界中解脱出来。

（四）阻抗分析

在自由联想过程中，来访者对其痛苦的经历和隐藏在内心中的感情、欲望等，不肯听从咨询师的指示全部陈述出来，致使分析治疗无法顺利地进行，此种来访者不合作的态度被称为阻抗。根据弗洛伊德的解释，阻抗是一种防卫反应。潜意识中不合理的欲望浮现到意识层面时会使来访者感到羞愧而焦虑，由此可知，在自由联想中，凡来访者对其生活经验的陈述表示抗拒的，必有原因，极有可能是其心理病因之所在。化解来访者的抗拒，让其把心中的隐秘都说出来的方法，称为阻抗分析。分析之后，可使来访者内心压抑的矛盾与冲突得到缓和，从而缓解其紧张情绪。

（五）阐释

阐释是咨询师根据来访者在前4个阶段的一切资料，耐心而有诚意地向来访者做出解析，让来访者了解自身所表现的一切有更深一层的意义，从而领悟到心理困扰的产生原因。就精神分析的目的而言，阐释的过程就是治疗。

以上是弗洛伊德精神分析治疗方法对社区矫正对象心理矫治的借鉴意义。

弗洛伊德本人并没有将精神分析的方法运用到犯罪人的矫治上。最早将精神分析的方法运用到犯罪人矫治上的是美国精神病学家威廉·希利和瑞士精神病学家、精神分析学家艾奇宏。特别是艾奇宏，他用爱的奖赏来促使未成年犯罪人变成社会所接受的人，其教育方法获得了很大的成功。艾奇宏认为，未成年犯罪主要是由于缺乏爱、缺乏认同，没有真正形成正常的超我或自我理想而引起的。所以，对犯罪少年和儿童进行治疗的核心，就是为他们提供幸福、快乐的生活环境，使他们在这种环境中对成年人（教育者）重新产生依恋、信任和认同，从而重建自我理想，形成正常超我。艾奇宏亲身实践了自己的主张，对违法犯罪的少年儿童热情相待，同情、理解他们，坚定地遵循惩罚无益的原则，对儿童的攻击行为充满耐心。由于艾奇宏不是以严厉的惩罚和报复手段，而是以舒适的环境、友好亲切的态度对待他们，所以这些少年儿童初次遇到艾奇宏时，可能会把他看成软弱可欺的人，但随着时间的推移，他们逐渐对艾奇宏产生了信任、尊敬，甚至产生了爱。当他们最后对艾奇宏产生认同时，就能把自己融入集体，并不断取得进步，进而发生根本性转变。

第二节　行为主义心理学

一、行为主义心理学的基本内容

行为主义学派是继精神分析学派之后出现的又一大心理学学派，被称为西方心理学第一势力。行为主义学派由美国心理学家华生于1913

年创立并广泛影响世界。行为主义认为，人类行为是通过学习而来的。行为主义学派只关心当前的行为问题，着重探讨日常生活中的人类行为是如何产生的，而不像精神分析那样着重于分析潜意识的冲突。

行为主义学派的基本观点可归纳为：

第一，在研究内容上反对将意识作为心理学的主要研究对象，主张研究外部行为的纯客观的自然科学；

第二，在研究方法上摈弃意识心理学的主观内省法，代之以客观观察法、条件反射法、测验法等；

第三，把刺激（S）与反应（R）看作有机体行为的共同因素，并以S→R作为解释行为的基本原则；

第四，坚持环境决定论，忽视内发性动机和个体的自由意志，强调外在控制的训练价值。

行为主义包括经典的条件反射原理、操作条件作用原理、模仿学习原理。早期的代表人物有桑代克、巴甫洛夫、华生、斯金纳，后来有沃尔甫、艾森克和班杜拉等人。

行为主义对心理学发展的主要贡献在于使心理学走上客观的科学研究道路，使动物心理学与儿童心理学，尤其是实验心理学取得重大成果，促进心理学广泛应用于社会生活。但是行为主义存在客观主义与还原论（生物学化、机械决定论）的倾向。20世纪50年代至60年代后期，随着人本主义和认知心理学的兴起，行为主义逐渐衰退。

二、行为主义心理学方法

行为主义的着眼点是可观察到的外在行为和可具体描述的心理状态，强调病人通过学习提高自我控制能力，通过控制情绪、调整行为及内部生理活动来矫正异常行为，治愈疾病。20世纪初，巴甫洛夫在实验室里证实了条件反射现象，建立了行为科学发展的基础。华生受此影响，进一步说明人的行为不管是正常的或病态的、适应性的或非适应性的，都是经由学习获得的。他和他的同事经由实验室制造了一个9个月的婴儿对于小白鼠和其他毛茸茸的物体的恐惧。其后，另外一位临床心理学家琼斯运用学习原理治好了一个惧怕白兔的小孩，用后人的术语说，就是利用脱敏法治愈了恐惧症。之后各种行为治疗的方法和技巧被开发和运用，行为治疗逐渐成型。

（一）行为治疗的特征

1.行为治疗的理论基础是条件反射，确认个体的一切行为全是经过条件反射习得的习惯性反应。只是条件反射分为古典条件反射和操作性条件反射两种。

行为主义学派认为，所谓心理异常者，事实上亦即行为异常。而行为之所以异常，只不过是个体经过条件反射学到不良习惯而已。

2.基于以上的确认，行为治疗的目的在于消除个体的不良习惯，而消除不良习惯就叫行为治疗。

3.消除不良习惯，就得重新学习。重新学习就是在某一特定刺激的情况下，重新建立刺激与反应之间的关系，将刺激所引起的不适应的反应，以另一适当反应来代替。重新学习的过程，可以按古典条件反射过程，也可以按操作性条件反射过程进行，根据不良习惯的性质和治疗目的而定。

4.行为治疗的目的在于改变个体在现实行为表现上的不良习惯。此种习惯性行为是可以观察测量的，比较前后观测到的结果，即可确定行为治疗的效果。因此，行为治疗所强调重视的，只是现实习惯性行为实质上的改变，而不重视个体以往的生活史，也不像精神分析治疗法那样强调内在压抑的释放或冲突的解决等问题。

（二）行为治疗的主要方法

行为治疗所指的并不是单一的方法，而是多种方法的概称。行为治疗是根据巴甫洛夫条件反射原理、斯金纳等人的操作性条件反射理论、班杜拉的社会学习理论，通过正负强化的奖惩方式进行训练，改变和消除不正常和不良的行为，学会和养成新的健康行为的方法。

下面介绍几种主要的方法：

1.系统脱敏疗法。

系统脱敏疗法，又称交互抑制法，由美国学者沃尔普创立和发展。这种方法主要是诱导求治者缓慢地暴露出导致焦虑、恐惧的情境，并通过心理的放松状态来对抗这种焦虑情绪，从而达到消除焦虑或恐惧的目的。如果一个刺激所引起的焦虑或恐惧状态在求治者所能忍受的范围之内，经过多次反复的呈现，他便不会再对该刺激感到焦虑和恐惧，治疗目标也就达到了。这就是系统脱敏疗法的治疗原理。系统脱敏疗法适用于焦虑和恐惧症的治疗。它有几种具体的操作方法：

（1）快速脱敏法，或称真实生活脱敏法。此法的主要特点是用造成恐惧反应的实际刺激物代替对它的想象。治疗者陪伴着病人通过一系列令病人感到恐惧的情境，直到病人抵达原先最害怕的情境而不再紧张为止。这种方法比较适用于广场恐惧症和社交恐惧症病人。例如，对于一个害怕拥挤和怕同陌生人接触的恐惧症病人，可以让他在治疗者的陪同下于清晨外面人少时乘车到闹市区，到达后先让病人在车内坐几分钟，如果不感到焦虑，可鼓励他下车到商店门口走走，直到病人敢于进入拥挤的商店购物而无焦虑反应为止。

（2）接触脱敏法。这种方法特别适用于特殊物体恐惧症，如对蛇和蜘蛛的恐惧症。接触脱敏法也采用按焦虑层次进行的真实生活暴露方法，与其他脱敏方法的不同之处是增加了两项技术：示范和接触。让病人首先观看治疗者或其他人应对引起病人恐惧的情境或东西，而后让病人一步一步地照着做。如果病人害怕的是一种东西，如蛇，那就让病人观看治疗者触摸、拿起和放下蛇的示范后，先从事一些与接近、触摸蛇有关的其他活动，而后逐渐接近蛇，触摸它，直到敢于拿起它而无紧张感为止。

（3）自动化脱敏法。根据同病人的一系列交谈的结果，治疗者将所识别出的病人的焦虑情境（如喧闹嘈杂的声音、拥挤的人群或爬行中的蛇）录音、录像，而后利用这些制备好的音像资料对病人进行治疗。

运用脱敏疗法的基本步骤有：

（1）建立恐惧或焦虑的等级层次。①找出所有使求治者感到恐惧或焦虑的事件；②将求治者报告的恐惧或焦虑事件按等级由低到高的顺序排列。

（2）放松训练。一般需要6—10次练习，每次历时半小时，每天1—2次，以全身肌肉能够迅速进入松弛状态为合格。

（3）系统脱敏练习。一般分为3个步骤进行：

①进入放松状态。首先应选择一处安静适宜、光线柔和、气温适度的环境，然后让患者坐在舒适的座椅上，让其随着音乐进行肌肉放松训练。训练从手臂、头面部、颈部、肩部、背部、胸部、腹部到下肢部依次进行，过程中要求患者学会体验肌肉紧张与肌肉松弛的区别，这样反复长期的训练，使得患者能在日常生活中灵巧使用，任意掌握放松的程度。

②想象脱敏训练。让患者想象某一等级的刺激物或事件。若患者能清晰地想象并感到紧张时，停止想象并全身放松，之后不断重复以上过程，直到患者不再对想象感到焦虑或恐惧，那么该等级的脱敏就完成了。以此类推，做下一个等级的脱敏训练。一次想象训练不超过4个等级，如果训练中在某一等级出现强烈的情绪，则应降级重新训练，直到可适应时再往高等级进行。当通过全部等级时，可从模拟情境向现实情境转换，并继续进行脱敏训练。

③现实训练。这是治疗最关键的地方，仍然从最低级开始至最高级，逐级放松进行脱敏训练，以不引起强烈的情绪反应为止。为患者布置练习作业，要求患者每周在治疗指导后自行强化训练，每周2次，每次30分钟为宜。

2.强化疗法。

强化疗法是建立在操作性条件作用原理之上。例如，某一行为若得到奖赏，那么以后这个行为重复出现的次数和频率就会增加，反之，得不到奖赏或受到惩罚，行为出现的次数和频率就可能减少。

（1）塑造法。是通过强化的手段矫正人的行为，使之逐步接近某种适应性的行为。塑造过程中，采用正强化的手段，一旦适应行为出现，立即给予奖赏和鼓励。塑造法的实施，要注意制定适当的目标行为，并选择好奖赏和鼓励的方式，同时要注意及时强化，即适应行为出现和奖赏在时间上要接近。与塑造法相反，有时可以实施惩罚法，当有坏行为或不适应行为出现时，给予一定的惩罚来抑制不适应行为的再次发生。

（2）代币治疗。这是一种利用正强化原理来促进更多适应性行为出现的方法。即社区矫正对象如果有特别的表现，就依其情形付给代币一枚或数枚，使其欲求获得满足。代币给社区矫正对象构成一种刺激，使其为取得代币而力求有良好的表现，久而久之，就可养成实施正常行为、改善不良行为的习惯。

（3）消退法。这种方法依据了负强化的原理，对于不适应的行为不予注意、不予强化，使之渐弱以至于消失。该方法可以和塑造法结合使用。

（4）厌恶疗法。这种方法实际上是利用了正惩罚的原理，当不适应的行为出现时，就给予使其厌恶的刺激，以此来消除对方不适应的行为。厌恶疗法对于治疗某些性变态行为、酒精或药物依赖等有较好的效果。

3.学习理论。

在行为主义理论中，属于新行为主义的社会学习理论与犯罪学的关系最为密切。新行为主义的代表人物班杜拉等人创立了社会学习理论模式，通过解释攻击行为，阐述了犯罪产生的原因。

班杜拉认为，攻击行为不是人们与生俱来的，而是后天习得的。获得的途径有三种，即观察学习、凭直接经验的学习和生物学因素。他认为，凭直接经验的学习固然重要，但是许多行为的发生是个人观察他人行为的结果，从而产生替代性学习造成的。大多数对攻击行为的观察学习发生在以下三种社会联系中：（1）家庭影响。家庭成员的示范和鼓励是攻击行为形成的一个最基本原因；（2）人们所属的亚文化及与这种亚文化的重复性接触；（3）那些被广泛使用的宣传工具所提供的具有充分形象的范例，如影视传播中的暴力镜头。关于行为发生的机制，班杜拉认为，个人与环境究竟如何交互作用才会导致行为的变化，依赖于人的认知因素。环境、个人、行为是三个相互影响、彼此联结的因素，不能将行为简单地看成环境所决定的。

4. 角色扮演。

角色扮演多用于改变来访者的不良行为和进行社会技能的训练。在个案治疗和小组治疗中，这种方法都比较常用。在角色扮演中，来访者认识到要以怎样的角色来表现其行为，与他人发生联系，并进行实际行为的预演和排练。由治疗者或小组其他成员对其行为进行判断，给予反馈，然后进行角色扮演、模仿和学习新的行为。

5. 自信训练。

用于帮助来访者恰当地与人交往，表达自己的情绪、情感。自信训练特别适用于那些在人际交往中缺乏自信、不敢拒绝别人、不能表达自己的愤怒或苦闷，也很难表达自己积极情感的人。通过训练，可以使他们表达或敢于表达自己的正当要求和意见或自己内心的情感体验。训练过程包括确定问题（让来访者说明自感懦弱、没有信心的人际行为）、增强动机（帮助来访者认识训练的意义）、定义适当的行为（和来访者共同探讨某情境下的适宜行为）、进行训练（采用角色扮演或其他办法使来访者学习适应性的行为反应方式）等步骤。

（三）行为治疗在心理矫治中的应用

行为疗法并非对于任何社区矫正对象均有效果。行为疗法对于反社会性较浅的社区矫正对象矫治效果显著，而对于反社会性深的则很难奏效。行为疗法对少年犯的矫治特别有效，使少年犯养成好习惯。

在成年犯中，依其反社会程度的不同，可以进行分类矫治。累惯犯的反社会程度重，而初犯偶犯的反社会程度轻，所以，对后者开展行为治疗可收到较好的效果，而对于前者则难以收到预期的效果。此外，行为疗法对于酒精成瘾者或性欲异常者，效果也不明显。

自从20世纪60年代以来，行为矫治技术在被广泛应用于改变少年犯罪人，成年犯罪人以及精神病人的不良行为，矫治方法或技术也在实践中发展。

第三节　人本主义心理学

一、人本主义心理学的基本内容

人本主义心理学是当代心理学的三大流派之一，被称为西方心理学的第三势力。人本主义心理学从现象学和存在主义中汲取哲学基础，提倡从人的主观意识本身出发，反对采用行为主义的环境决定论和精神分析的无意识动机决定论来说明意识。它倾向于从整体上理解人的动机与人格，特别重视人的意识所具有的主动性和自由选择性，认为人的意识能超越传统的、现实的、文化的界限，因而具有创造性和无限发展的可能性，它还认为人能根据自己的意向，确定自身存在的意义。基于这些原则，人本主义心理学家发展了有关自我、自我实现等方面的一系列理论和技巧，对人格心理、心理治疗等领域产生了相当大的影响。

人本主义心理学的代表人物之一，就是来访者中心疗法的提出者罗杰斯。他强调人的主观性，认为人生来就具有自我实现的倾向，这是一种基本的动机性驱动力，是成长与发展的天性。他认为人基本上是诚实的、善良的、可以信赖的。这些特性是与生俱来的，而某些恶的特性则是防御的结果，并非出自本性。他认为有机体都有一种天生的基本趋势，要以各种方式去发挥其潜在能力以推动有机体生长、前进、成熟。在合理、良好的环境里，一个人总能靠这种天生的力量从小到大发育成熟，成为一个健全的、机能完善的人。这也是各派人本主义心理学家共同的基本观点。在人的成长中，不利的环境条件使人的这种趋势受到歪曲和阻碍，形成冲突，人就会感到适应困难或表现出各种反常的行为。

人本主义心理学第一次将人的本性与价值提到心理学研究的首位，阐明需要层次理论及高级需要和动机的重要价值，提出主观经验范式与客观实验范式的构想，倡导以人为中心的心理治疗、组织管理和教育改革的新模式。但人本主义心理学仍存在过分强调人性中生物因素的自然主义倾向，另外，由于人本主义心理学缺乏实证检验与支持，故有人认为其为哲学和诗人心理学。由于人本主义心理学在研究对象上坚持重视对优秀人物的研究，故没有专门对犯罪问题的研究和论述。

二、人本主义心理学的方法

人本主义心理学通常指罗杰斯创建的以人为中心疗法（或来访者中心疗法），即促进和协助来访者依靠自己的力量解决问题，着重于调动人的主体内在的潜能进行自我治疗。

治疗包括创设一种赞同、共情领悟和坦诚的气氛，缓和阻抗并允许所有情感和内心体验的探求，强调来访者内心的意识反映。它主张来访者只要接受其此时此刻的想法，就可以在温馨宽容的气氛中对人类自我发现的能力更有信心；最好不要去解释来访者所隐讳的东西，但可以修改他们的叙述，这样，他们在咨询中就越能表达出真正的经历。来访者的责任是准确地理解和表达自己，而这种能力也在咨询中不断提高。

来访者中心治疗是一种非指导的治疗方法。这种治疗的着眼点在于促进来访者成长，具体地帮助来访者进行自我探索，促进其自我概念向着更接近自我的经验、体验的方向发展，认为来访者有权为他自己的生活做出选择，尽管他选择的目标可能与治疗师的看法不太相同。如果来访者对自身的问题有所领悟，他们可能会做出自己明智的选择。非指导治疗重视个体心理上的独立性和保持完整心理状态的权利，指导式治疗重视社会规范。指导式治疗倾向于对来访者的问题进行工作，一旦症状消除或问题得以解决，治疗就算成功了。非指导治疗的着眼点在于来访者本人而不是其心理问题，一旦来访者对自己与现实的关系有了充分的理解之后，他就能选择适应环境的方法，随着其领悟力的提高和经验的增长，他将更有能力去应付将来可能出现的问题。

人本主义心理治疗的特点是：

（1）坚信人具有完善技能和自我实现倾向；

（2）重视来访者的主观世界；

（3）来访者主导治疗过程；

（4）建立朋友、伙伴般的咨访关系；

（5）注重尊重、关怀、同情、宽容、理解、鼓励和支持。

人本主义治疗目标在于人性的实现和人格的改变。

随着时间的推移，来访者中心疗法也在不断地发展。20世纪60年代以后，原先一对一式的个人咨询向着以相遇小组为形式的集体咨询发展，即利用团体力量来解决心理问题和改变不良行为。在这种小组中，成员们可以自由表达他们的情感，彼此随意地交流；相互保持温暖、谅解的气氛和理解、接受的态度。小组的召集人不以专家身份出现，或者其本身就是有经验的小组成员，称为促进者。通过小组的活动，大多数成员变得能认识自己，能理解别人，揭下自己所戴的假面具，较少使用防御机制，成为成熟的、具有独立人格的人。

罗杰斯的来访者中心疗法创立后，很快在矫治领域得到普遍的应用。在矫治实践中，矫治者帮助矫正对象发现存在的问题，进而学习如何建立适宜的态度和行为方式，以达到良好的适应状态。这种方法大量地使用于对未成年犯罪人的矫治活动中，并在美国、日本等国家产生了较好的效果。人本主义心理治疗的许多原则对我们今天的矫正对象心理矫治仍具有指导意义，如平等原则，尊重、接纳与积极关注原则都是受人本主义心理治疗的影响建立的，是在罪犯心理矫治中要严格遵守的原则。

第四节　认知心理学

认知心理学是现代西方心理学的一个新流派。它起始于20世纪50年代中期，60年代之后迅速发展。认知心理学强调在解决问题、推论、决策和其他认识活动中所涉及的智力活动。

一、认知心理学的基本内容

在早期的行为矫正治疗实践中，往往不顾来访者的内心想法，单纯改变外在的可见行为，效果并不一定都好。一个智力正常的成年人，他的情感体验、情绪表现和外在行为与这个人对外界事物的认识、处世态度密切相关。简言之，一个人的思想和内心体验在很大程度上影响甚至决定着他的外部行为。因此，认知疗法是继早期行为矫正治疗后的必然发展方向。

认知疗法也受到了认知心理学的影响。认知是心理学上的一个专有名词，从微观上讲指的是外部刺激进入大脑之后的内部加工过程。通过对这些内部加工过程的研究来解释人的心理活动和心理过程，进而研究一些复杂的行为，如概念形成、问题解决、语言、情绪等。从宏观上讲，认知指的是个体对某个事物或某个对象的认识与看法，这一点更接近日常用语中认知的含义。认知心理学认为人的情绪、情感及动机、行为主要决定于人的认知活动。由此，认知疗法强调认知过程对情绪、情感、动机和行为的影响，主要通过改变人的认知活动并结合行为技术来矫正不良的情绪和行为，故又称为认知行为疗法。也就是说，认知疗法将来访者的不良情绪及行为看成其不良认知和思维方式的结果。所谓不良认知，是指歪曲的、不合理的、消极的信念或思想，它们往往会导致情绪障碍和非适应性行为。治疗的目的就在于矫正这些不合理的认识，改变看法和态度，从而使来访者的情感和行为得到改变。

认知疗法还受到20世纪五六十年代兴起的人本主义心理学的影响。各派人本主义心理学家有一个共同的观点，他们都相信人有自发调整自己的倾向，具有自我成长和自我实现、自我完善的潜能。

二、认知心理学的方法

认知疗法是指经解说与指导的再教育的方式，纠正来访者原有的对人、对己、对事的错误思想与观念，帮助其重组认知结构，使来访者“觉今是而昨非”。

认知疗法强调认知过程在决定行为中的主要作用，认为人的一切有目的的行为和一般情绪都由认知发动和维持，认知上的歪曲与局限，易导致情绪与行为适应不良。因而治疗病态行为和情绪的关键在于矫正错误的认知过程及由此形成的错误观点。

认知疗法有三个基本假设：一是行为和情绪是通过认知过程发展起来的；二是在学习理论基础上建立起来的治疗程序，能有效地影响认知过程；三是心理医生应当作为一个诊断家和教育家，发现病人适应不良的思想或认知过程，并且通过安排一定的学习来改变它们。

认知疗法与传统矫治方法的区别在于它强调认知的首要作用，而传统心理治疗更多地强调情绪；另外，它不关注潜意识驱力和潜意识防御，认为绝大部分心理问题不用深入追寻埋在潜意识之中的内容根源便能解决。它与行为疗法的区别在于其对心理现象给予更重要的地位，认为传统的行为主义太狭隘，不考虑心理现象，致使许多问题不能解决。对于很多社区矫正对象来说，错误的认知，既是犯罪的重要原因，也是导致其个性偏差的重要因素。

认知疗法及认知心理学关于心理矫治的理论对社区矫正对象心理矫治具有非常重要的借鉴价值。

（一）情绪障碍的认知理论

认知行为治疗的理论基础之一是贝克提出的情绪障碍认知理论。贝克认为，人的情绪障碍不一定都是由神秘的、不可抗拒的力量所产生的，相反，它可以从平常的事件中产生。例如，错误的学习、依据片面的或不正确的信息做出错误的推论，以及不能妥善地区分现实与理想之间的差别，等等。因此，每个人的情感和行为在很大程度上是由其自身认知、处世方式或方法决定的，也就是说一个人的思想决定了他的内心体验和反应。情绪障碍的认知理论指出了很多心理障碍者对问题的特殊看法，这些特殊的看法、观念或思维模式将直接影响其情绪状态或心境。下面列举了一些人常见的问题和看法：

问题	**看法**
惊恐发作	即将死于这些焦虑症状
社会性焦虑	我常会做一些看起来非常愚蠢的事情，遭人排斥、受人羞辱
抑郁	我是一个懦弱无能的人，前途渺茫

妄想　　　　人们费尽心思打探我的事情

愤怒　　　　别人都很坏或不友善，对我不公平，占我便宜，他们应当受到惩罚

贝克对认知过程中常见的认知歪曲做了总结，归纳为以下5种形式：

（1）任意地推断，即在证据缺乏或不充分时便草率地做出结论。

（2）选择性地概括，即仅根据个别细节而不考虑其他情况便对整个事件做出结论。

（3）过度引申，即在单一事件的基础上做出关于能力、操作或价值的普遍性结论。

（4）夸大或缩小。

（5）全或无的思维，把生活看成非黑即白的单色世界。

贝克认为，人的情绪和不良行为正是这些不良认知导致的结果。治疗的重点在于转变、纠正不良的认知，支持、建立正确的认知方式和适应性的功能，鼓励来访者反思内在的导致障碍的思想、行为和情感。具体有：（1）识别自动性思维。（2）识别认知性错误。（3）做真实性检验。（4）去中心化。（5）反思苦闷或焦虑水平等。

社区矫正对象抑郁时，常常是内外交困（内部表现为对自己、对世界、对未来产生悲观看法；外部表现为行为孤僻和人际关系差）。通过对自己看待问题的方式进行反思，社区矫正对象能够学会检验自己的看法，并学会以新的方式和新的角度来看问题，避免产生消极的自我观念（如“我是个废物”的观念），能够使社区矫正对象更好地处理外部问题。认知疗法的主旨，在于教会这些社区矫正对象反思自己的态度与观念，帮助他们意识到思维方式是如何使他们陷入沮丧的（特别是造成失败感）。改变他们对自己所面临问题的看法，使病症得到缓解。他们如果进一步改变对自己的根本看法，将增强对自己情感的把握能力，从而减小陷入抑郁和焦虑的可能性。

（二）合理情绪疗法

该疗法于20世纪50年代由艾利斯在美国创立。他认为，人既可

以是有理性的、合理的，也可以是无理性的、不合理的。合理的信念会引起人们对事物的适当的、适度的情绪反应，而不合理的信念则相反，会导致不适当的情绪和行为反应。当人们按照理性去思维和行动时，他们就会是愉快的、富有竞争精神的人。情绪是伴随着人的思维而产生的。情绪上或心理上的困扰是不合理的、不合逻辑的思维所造成的。人具有一种生物学的和社会学的倾向性，倾向于存在有理性的合理思维和无理性的不合理思维。即任何人都不可避免地具有或多或少的不合理的思维与信念。思维借助于语言而进行，不断地用内化语言重复某种不合理的信念，就会导致无法排解的情绪困扰。

情绪不是由某一诱发性事件本身引起的，而是由经历了这一事件的个体对这一事件的看法、解释和评价引起的，这一理论又被称作ABC理论。在ABC理论中，A是指诱发事件；B是指个体在遇到诱发事件之后相应而生的信念，即个体对这一事件的看法、解释和评价；C是指在特定情景下，个体的情绪及行为的结果。通常，人们会认为情绪及行为反应是直接由诱发性事件A引起的，即A引起了C，但合理情绪理论认为，诱发性事件A只是引起情绪及行为反应的间接原因；而B，即人们对诱发性事件所持的看法、解释、评价才是引起人的情绪及行为反应的更直接的原因，因为情绪是由人的思维、信念所引起的。所以，艾利斯认为，每个人都要对自己的情绪负责，当人们陷入情绪障碍时，是他们自己使自己感到不愉快，是他们自己选择了这样的情绪取向。

治疗的第一步，是要找出来访者的不合理思维方式和信念，讲清不合理信念与情绪困扰之间的关系；第二步，要向来访者指出，他应当对自己的情绪状态负责；第三步，通过实施与不合理信念辩论为主的治疗技术，帮助来访者认清其信念之不合理，进而放弃这些不合理的信念，使之产生某种认知层次的改变；第四步，要帮助他们学会以合理的思维方式代替不合理的思维方式，以合理的信念代替不合理的信念，最大限度地减少不合理的信念给他们的情绪带来的不良影响，以改变认知为主的治疗方式来帮助他们减少或消除情绪障碍。

针对社区矫正对象，可设计很多认知练习作业，让社区矫正对象列举出自己常见的不合理信念，然后与不合理信念进行辩论，对自己所有的不合理信念一一进行质疑式的辩论，最后写出通过治疗后达到的新的情绪及行为治疗效果。

例如，针对社区矫正对象可以设计如下情景：设想你的家人曾写信说十月中旬来见你，但现在已经到十月下旬了，家人还没有来，你的感受如何？社区矫正对象可能有多种反应，焦虑、气愤、伤心、失落或者是解脱感，这完全取决于这些社区矫正对象如何设想家人没来见你的原因。

A	B	C
没有见你	家人一定是出事了，如车祸	焦虑
	家人忘记了自己的承诺	愤怒
	家人不重视我，所以忘记了	悲伤、失落感
	家人一定在忙着收秋，等农闲了就会来看我的	平静或解脱

让社区矫正对象针对这些情况找出自己是否存在不合理的思维方式，指出理性的思维方式应该是什么。总之，首先，要让社区矫正对象学会换位思考，即寻找其他可能性，避免钻牛角尖，学会从不同的视角来看待同一问题。其次，要让社区矫正对象学会用理性思维来拯救自己。在下结论前，仔细考察，掌握更多的线索；多视角地看问题，不要受情绪影响而草率地下结论；学会对某一观点或行为做出优、缺点的评析。最后，用长远的眼光看问题，一步一个脚印，总会达到目标。运用理性的、求证的方法是应当大力培养的思维品质。

第四章

心理通道理论与技术

外界刺激对心理过程的影响并不是均衡的，有大小和顺序之分，首先影响最大的是认知过程，其次是情感过程，最后才是意志过程。由此揭示了外界影响由认知到情感，再到意志过程的心理通道基本规律。叶扬根据多年实证研究结果提出的理论假说是，心理障碍是心理通道受阻或堵塞的表现，通则不痛。心理矫治的重要任务之一便是对此进行修通，按顺序分为消除心理问题外部诱因（A）、认知过程修通（B）、情感过程修通（C）和意志过程修通（D）四个基本步骤，简称ABCD技术。这里所指的修通是解决心理问题的全过程，而不是传统心理学中的环节。

第一节　概　述

一、心理通道的概念

心理是大脑的机能，也是客观现实的反映，时刻受到客观环境因素影响。调查结果表明[①]，外界刺激对心理过程的影响并不是均衡的，有大小和顺序之分，首先影响最大的是认知过程，心理咨询中大部分是认知问题，其他心理问题也大多是由认知问题引起的；其次是情感过程；最后才是意志过程。由此揭示了外界影响由认知到情感，再到意志过程的心理通道基本规律，如图4–1所示。

① 叶扬主编：《中国监狱劳教工作警官心理健康读本》，法律出版社2003年版，第219–230页。

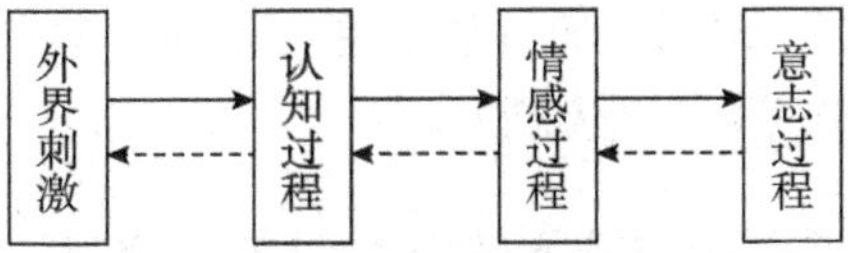

图4–1　心理通道模式

根据这一理论，心理障碍是心理通道受阻或堵塞的表现，通则不痛。与传统的中医理论“痛则不通，通则不痛”殊途同归。心理的“痛”主要表现在认知混乱、情感不适、行为失控等，这些都是心理过程中发生的问题，是心理通道受阻或堵塞的表现。

俗话说，知足常乐，意思是自知满足，则心常快乐。从心理学角度，知就是认知，乐即情绪乐观、欢乐、快乐，是情感过程，常乐则是让乐观成为人生态度、个性习惯。知足常乐是由认知过程的知足到情绪过程的快乐，进而形成乐观的个性（常乐），是典型的心理通道走向。

心理通道规律就存在于我们的现实生活中，最典型的事例是，当人们在路上行走时，如果突然从路边蹿出一条凶猛的毒蛇，人在第一时间感知到蛇的贸然出现和致命危险性是认知过程，由此而产生毛骨悚然、紧张或恐慌的情绪是情感过程，进而采取对毒蛇进行当机立断的攻击或退避三舍，是意志过程。从认知、情感到意志过程，就是这一事件的心理通道走向。

心理通道是人们进行心理活动过程的基本走向，具有普遍性。

二、运用心理通道理论解决心理问题的基本步骤

根据多年的研究结果，心理通道修通过程根据先后顺序，分为四个基本步骤（简称ABCD技术）：

A步骤：消除心理问题外部诱因。

B步骤：认知过程修通。

C步骤：情感过程修通。

D步骤：意志过程修通。

这四个步骤既是相对独立的，又是相互联系的。前一步骤存在的

心理问题的解决不一定需要后续步骤的再干预。但是，后续步骤的干预，是以前面步骤的干预为基础的。

三、心理通道理论与技术的适用对象和特点

（一）适用对象

主要适用于有明显诱因引发的心理问题，包括近因和远因。前者主要是近期的生活事件，后者则是过去经历的事件。

比如，某小学三年级男孩，因在学校经常打架被父母带来做心理咨询。起因是其父小时候经常被其爷爷打骂体罚，其爷爷有“棍棒底头下出孝子”的观念。其父无法反抗，心理长期受到压抑，现在也对自己的儿子传承了这种教法，经常打骂儿子，父母的这种做法让儿子十分委屈，但又无法改变，长期压抑在心头，结果他在学校用打架闹事的方式来出气。这个案例中，运用心理通道理论分析可知：

1.外因（A）：外部诱因是其父辈不良的教养方式。

2.认知（B）：儿子对其父的教养方式感到不可接受，给予消极、否定的认知评价。

3.情感（C）：由于现实无法改变而烦躁不安，形成心理压抑，又无法自己调节或得到及时的心理帮助。

4.意志（D）：结果，在学校通过与同学打骂泄气，平衡心理。他从自己的不良行为中获得了好处，但违反了纪律。

这一案例第四点是结果，前三点都是前因，有明确的前因后果关系。

（二）特点

1.动态性。

心理通道理论是叶扬创立的心理健康大循环理论与技术的重要内容之一。这一研究发现了心理的系统性、循环性、动态性、双重性和阶段性等规律，并如前文所述，建立了图4–1的模型。

这个系统的循环是通过心理通道运行的，即在心理过程的动态运行中实现心理循环过程。对这一大循环系统进行科学调节是一项系统

的心理工程，心理通道理论与技术是该心理工程的重要技术之一。

2.联系性。

心理通道理论认为，各个心理过程中发生的问题，与其他过程是有联系的，一是因果关系，二是相关关系。将心理问题放到心理大循环系统中来进行科学解决。

3.整合性。

心理通道的修通是心理工程中解决心理问题的过程，而不是传统心理学中解决心理问题的环节。其注重意识和潜意识层面的多层次分析。在研究方法上主要运用的是当代认知和行为心理学中的实证研究方法，并注重多种技术的整合。

第二节　消除心理问题外部诱因（A步骤）

一、诱因的概念

所谓心理问题诱因，简言之，是指诱发心理问题的因素，与心理问题的发生存在因果关系。

在心理咨询学中，将导致心理问题的原因分为生物、心理和社会三大类，由于生物和心理原因可以放到心理过程修通的其他步骤中进行讨论，这一节重点分析外部诱因对心理过程的影响。

根据目前的研究，大部分心理问题的发生，都存在明显的诱因。比如，大家普遍关心的心理危机有三大特点：第一，有诱发心理危机的重大诱因。第二，心理问题总爆发，但又不能做任何一种心理疾病诊断。第三，凭自己的能力不能平复。有重大诱因是构成心理危机的基本条件之一。在心理干预工作实践中，消除直接诱因是解决各种心理问题的有效方法之一。并且，消除心理问题诱因是心理通道修通的第一步，简称A步骤。

二、心理问题外部诱因分类

（一）直接和间接诱因

1.直接诱因。直接诱因主要是当事人遇到不可预料的天灾、人祸，以及其他突发变故等事件，对人心理产生的直接影响。这些事件多数是在目前条件下不可控的，如地震、海啸等。

在突发重大灾害事件面前，处变不惊，适时得当的处置可以减轻对心理的负面影响，如遇到被别人造成重大伤害的情况时，直接报警、及时医治和获得心理帮助等，可以最大限度地降低伤害程度。

2. 间接诱因。这主要是指听到或看到的间接事件对心理的影响。比如，看到或听到严重危害社会治安的杀人和强奸等重大刑事案件，激起内心对犯罪分子的深恶痛绝，结果夜不能寐。

（二）近因和远因

心理问题诱因也可分为近因和远因两大类。前者是目前发生的影响心理的生活事件；后者则是既往发生的事件的阴影，对目前特定条件下的心理问题的诱发作用，好比一朝被蛇咬，十年怕井绳。

（三）根据诱因影响的后果分类

1. 近期渐进性环境影响诱因。影响是整体性的，一般是新环境对人产生的渐进性影响，最常表现为对新环境适应不良。心理是客观的反映，人们往往触景生情，营造良好的居住、工作和生活环境，去发现美、创造美，发挥心由境生的熏陶作用，则可以促进心理健康。

2.造成应激性反应诱因。主要是遇到重大突发事件、天灾人祸时，产生的急剧情绪反应，不多见。

3. 造成持久性影响诱因。比如，幼年丧父、中年丧妻、老年丧子等沉重打击。

三、消除心理问题诱因的方法

（一）预防

这是最理想的方法。防微杜渐、防患于未然。预防包括人防、物防和技防等。类似于要防止煤气炉爆炸造成的物质和精神伤害，可以经常对其进行检查维护。

（二）行为阻隔

这是无可奈何的办法。比如，在传染病流行期间，如果事发突然，发展趋势难以预料，为了防止感染，减少心理恐慌，应做到少去商场、市场，不参加未经政府或单位批准的聚会、聚餐，非工作需要避免与患者近距离接触，根据应急管理规定进行隔离，等等。这样可以有效降低传染概率，减少恐慌心理。

（三）事后分析

这是亡羊补牢的办法。心理咨询师引导当事人了解心理问题的原因，分析心理问题与诱因之间的因果关系，使当事人反思、觉察和醒悟，明白心理问题事出有因，不是空穴来风，从而减少心理问题，并吃一堑长一智，前事不忘，后事之师。

当事人的心理问题如果是由外因诱发的，经过上述干预后，通过阶段性心理干预效果评估，如果已经平复，则可结束干预。反之，则进入下一步，即B步骤的干预。

第三节　认知过程修通（B步骤）

一、关于认知

认知是指人认识外界事物的过程，或者说是对作用于人的感觉器官的外界事物进行信息加工的过程，又称认知过程，包括感觉、知觉、记忆、表象、思维、想象和言语等心理现象。研究结果表明，认知模式与心理问题的形成与消解密切相关。

（1）积极正向的认知模式，对心理问题起到消解作用，从而预防情绪恶化，利于心理通道修通，如人们常说的一笑解千愁，笑是积极的认知取向，是方法，解千愁则是结果，解决的是情绪问题。

（2）消极负向的认知模式，对心理问题起到恶化作用，甚至激发情绪问题，使心理通道更加堵塞。比如，一失足成千古恨、一日行窃终身是贼等观念，都是消极的。

俗话说：病从口入，祸从口出。心理学中的入口和出口，则是认知过程。无论是喜还是悲，首先都与认知过程有关。正因如此，大部分心理咨询学派都强调认知因素在改善求助者心理问题中的重要性。

认知不但是产生心理问题的入口，也是解决大多数心理问题的入口。比如：

求助者：我和我的同事打架时，被其他同事及时劝开了，但不解恨，可能以后还要打。

心理咨询师：那你想过再打架的严重后果吗？

求助者：……

这个想，或者思考、探索，就是认知的过程。

近几十年来，人们对认知的研究主要是从意识层面进行的，与精神分析主要研究潜意识的思路不同，并大量使用现代科学研究的实证手段和方法。

二、认知过程修通基本原理

（一）认知问题的因果分析

解决心理问题有三种机制：直接对症下药消除心理症状、消除心理问题根源间接消除症状、消除获利动机使心理问题失去动因从而消除症状。原因和结果必须同时具有必然的联系，即二者的关系属于引起和被引起的关系。“在此之后”不等于“由此之故”，必须具体分析。

通过因果分析，找出心理问题的生物、心理和社会因素，使当事人正确认识产生心理问题的原因，进而消除产生心理问题的根源，平复心态。

（二）认知问题的对症治疗式修通

有的心理问题或心理疾病是原因不明的，只能直接运用各种心理咨询与治疗方法，对症下药，直接消除心理问题，叫对症治疗式修通。比如，认知误区可用认知疗法，心理平衡技术则可修复心理失衡等。

其模型，如图4–2所示：

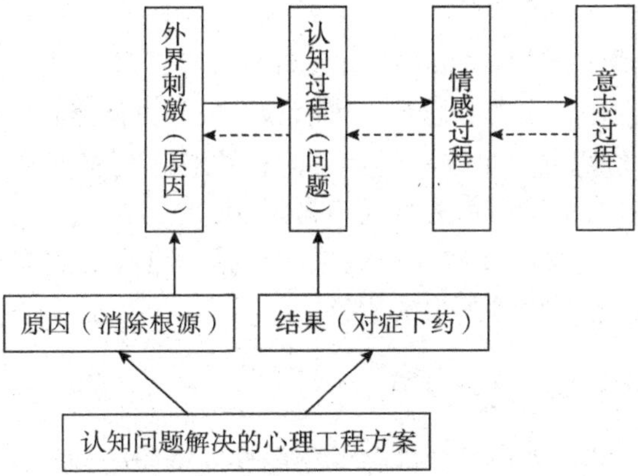

图4–2　认知问题解决的心理工程模式

由认知原因造成心理问题而前来咨询的案例不胜枚举。比如：

求助者：我母亲老了，需要我们兄弟姐妹照顾她，但由于在我的印象中，小时候母亲对我们兄弟姐妹没能做到一碗水端平，对大哥好，对我较差，我一直心理不平衡，现在拿不出热情去照顾她。

心理咨询师：能具体说说吗？

求助者：比如，当我遇到某些事情时，母亲总是说大哥如何好，我这里那里不行，好像大哥什么都是好的，我什么都不是，我心里不是滋味。

心理咨询师：你说你大哥比你大8岁，如果是这样，你六七岁开始懂事时，你大哥已经十多岁了，可能真的比你懂事了许多，所以，你母亲拿你大哥做榜样。相反，在你大哥小时候，在你不懂事甚至还未出世之前，你母亲是怎样管教你大哥的，你知道吗？

求助者：啊，还真不知道。

此例就是认知原因引起的心理问题咨询的一部分。

三、认知过程修通步骤和方法

（一）认知问题评估

主要分为一般的认知问题和认知障碍评估等。认知问题包括感觉、知觉、记忆、表象、思维、言语和想象等方面存在的问题。认知障碍如错觉和幻觉；思维障碍如妄想；注意、记忆与智能障碍如错构、痴呆；自知力障碍如患病而不自知等。

对问题的严重程度和修通效果的评估，可在心理咨询师的帮助下，通过选用有针对性的量表进行。

（二）认知过程修通步骤

1.优化认知内外环境。消除或避免外界负面的、不良的刺激，减少不良诱因或应激源的影响，改善认知过程的外部环境。

2.因果关系分析。主要是寻找产生认知问题的原因，与主导症状或心理问题比较，明确因果关系，引导求助者对心理问题的觉察、反思和醒悟，有效解决双趋冲突、双避冲突、趋避冲突、双重趋避冲突等心理问题，铲除产生认知问题的根源，纠正认知偏差，放下心理包袱，恢复心理平衡。

3.意识的能动性机制。激发潜能和主观能动性，增强心理免疫力和认知调节能力，建立积极认知模式，优化认知过程的内部环境，调动和发展积极认知因素，从而抑制或消除消极认知因素，有利于认知过程修通与优化。

4.认知问题的传统干预技术。

（1）运用开放性谈话技术，了解更多问题。

（2）运用封闭性谈话技术，确认问题。

（3）运用面质技术，澄清问题。

（4）运用主动进攻、以退为进、软硬（恩威）兼施等谈判技术化解心理矛盾冲突。

（5）运用解释技术，让当事人了解自身问题的实质和原因，获得顿悟。

5.认知干预模式。

（1）积极干预模式。不涉既往，放眼未来，心理咨询师以积极、正向的态度，选用认知行为或焦虑短程疗法等，引导当事人进行积极的认知探索，以共情和积极关注的方式，充分调动当事人自身的正向认知资源，充分发挥潜能，促进问题的解决。

（2）消极的认知干预模式。技术要点是重既往，从过去的经历中找出问题，剖析原因，引导当事人觉察省醒，解决心理问题，消除认知误区，转变思维习惯，从而积极应对心理问题。

6.认知的重构。破旧立新，重新确立积极的认知结构和思维模式。

第四节　情感过程修通（C步骤）

一、情感概念

情绪和情感是伴随认知和意志过程而产生的对外界事物的态度和内心体验，是对客观事物与主观需要之间关系的反映。情绪和情感都是人对客观事物所持的态度体验，只是情绪更倾向于个体基本需求欲望上的态度体验，而情感则更倾向于社会需求欲望上的态度体验。

对情感过程问题的修通，简称C步骤。

二、情感过程修通的基本原理

根据心理通道理论，要解决情绪问题，需了解求助者的认知过程和外界诱因。

比如说，当求助者与咨询师再次见面时，求助者说："见到你我很高兴！”

这里，高兴是结果，是情感表现。为什么高兴？是因为见到了咨询师，回忆起往日得到有效心理帮助的情境，这是认知，是高兴的原因。这就是这一心理过程的因果关系。

相反，仇人相遇，往事涌上心关，不堪回首的场面历历在目，则可能是愤恨、情绪激动，甚至动拳脚了。即，经历了认知发生、情绪激动和采取行为的过程，完全是心理通道走向。

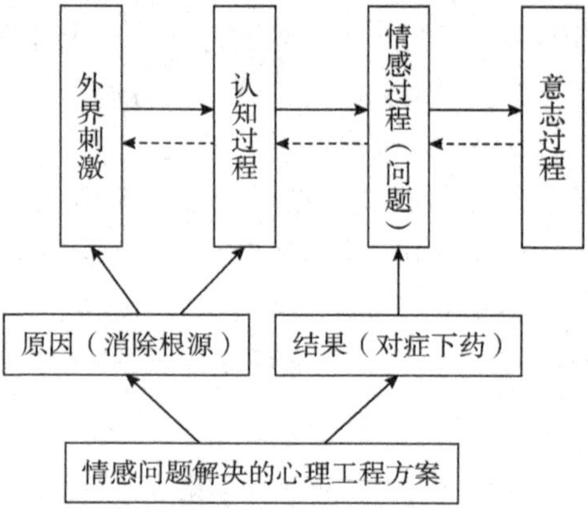

图4–3　情感问题解决的心理工程模式

情绪问题如果主要是由认知问题引起的，则不能仅就情绪论情绪，要从心理通道的前一站即认知管理入手。比如，大部分有抑郁问题的求助者，都有负性的习惯性思维模式，遇事悲观，这类人心理问题的解决得从认知入手，这就是目前在大部分抑郁问题的咨询中，大量使用认知方法的原因。

三、情感过程的修通步骤

（一）情绪问题评估

主要是运用《90项症状清单》，或《抑郁自评量表》和《焦虑自评量表》，评估情绪问题的严重程度和前后效果。

（二）制定情感过程修通基本策略

根据心理评估结果，以消除外界诱因和认知过程修通为基础，以修通情感过程为核心，并预防不良情绪在意志行为过程中泛化。

（三）消除产生情绪问题的根源（原因消除法）

根据因果分析，找出情绪问题产生的原因，引导求助者对心理问题的觉察、反思和醒悟，减少情绪问题。

1.外界诱因引起的情绪问题。

对外部诱因的应对分为预防、阻隔和阻断（隔离）等。根据引起情绪问题诱因层次的不同分为两种情况：

（1）单一诱因。以突发传染病事件为例，当人们认识到某种传染病传染性强、危害性大，而目前又无特效治疗方法的特点时，普遍产生了恐慌情绪。即外部诱因通过认知作用产生了情绪问题。要消除恐慌情绪，首先要了解该疾病为何物，如何防控和治疗，当认识到其实是可防可控，还可治时，结合防控工作的开展，则可以逐步消除恐慌情绪。在这一过程中，认知问题并不突出，主要是外因影响。

（2）由外界诱因和认知误区双重原因引起的情绪问题。比如，某当事人妻子提出离婚，这本是有法可依的行为，双方在法律范围内的自愿离婚被现代社会认为是文明进步的表现，但当事人认为自己原先对妻子比较好，现在自己经商失败时妻子提出离婚是落井下石，陷入认知误区，悲上心头，从而导致情绪问题。

这个例子可以有两种解决方法：第一，消除外界诱因方法。如果通过本人积极协商或组织调解，妻子放弃离婚，则当事人的心理问题可能得以缓解，这是消除诱因方法。第二，消除认知误区（叠加诱因，也是情绪问题的近因），坦然接受离婚的现实，也可以减少情绪问题。

2.引起情绪问题的认知因素。

（1）知识性认知偏差。比如，自己生活的城市出现了传染病，就担心自己会被感染，产生极度恐慌情绪。事实上，传染病在大部分情况下是可防可控的，不必大惊小怪。

（2）个性认知偏差。比如，认为只要是某某说的都是假话，自己的判断都是正确的并深信不疑，与他人总是格格不入并经常产生矛盾分歧，时常寝食难安。

（3）消极的认知模式。积极与消极是认知的价值取向。持消极认知模式的人，遇事总往消极悲观方向想。比如，同样是遇到人生的低谷，消极认知模式者认为，一切都完了，已经万劫不复，从而垂头丧气，斗志全无，即遇事总是想到灰暗面，消极无为；而积极认知模式者则认为，人生的低谷恰恰是通向辉煌的新起点，山不转水转，西方不亮东方亮，光明就在前头，心态阳光，从而能重整旗鼓，奋勇向前，闯出新天地。

（四）直接消除症状的方法

情绪管理有两大机制：一是控制，或压抑，将情绪冲动压抑到潜意识中，获得心理平衡；二是释放，通过倾诉和宣泄等将不良情绪释放，也能实现心理平衡。

根据对情绪问题的评估，对严重者主要是采取释放的方法；对轻微者则既可以用释放，也可以用压抑的方法。

1.情绪问题的释放。

（1）自我调节。比如，冥想、听音乐放松、读书、唱歌、运动、旅游、跟朋友倾诉、业余书画活动、听公益心理讲座等，都可以从适合自己的选项中获得情绪调节。

（2）心理帮助。在心理咨询师的帮助下，采用情感表达（沙盘、绘画）、倾诉（谈话疗法）、宣泄（宣泄室）、转移、精神分析的共情和移情等，都可以释放情绪，平衡心理。

2.心理问题防控。压抑是人的心理防御本能，是各种心理防御机制中最基本的一种。压抑与释放反向，构成情绪调节的两大基本机制。心理咨询师帮助当事人，将意识层面的情绪问题不知不觉地暂时压制到潜意识中，从而减轻心理痛苦。

第五节 意志过程修通（D步骤）

一、意志概念

意志是个体自觉地确立目的，调节支配自己的行为，克服困难，实现预定目标的心理过程，即人的思维决策见之于行动的过程。意志对行动的调节作用表现为两个方面：（1）发动作用，推动人们从事达到目的的行动。（2）制止作用，制止与目的不相干的行动。

意志的两极特点：（1）意志坚强，如富有主见，处事果断，善于自制，坚持不懈等。（2）意志薄弱，如主观武断，固执己见，一意孤行，坚持错误；优柔寡断，当决不决；鲁莽冲动，草率行事；虎头蛇尾，半途而废等。

意志过程的修通，简称D步骤。

二、意志过程修通原理

根据因果关系，如果将意志过程的问题比作结果，则在心理通道前面的情感、认知过程的问题和外部诱因，都是导致意志问题的前因。意志过程修通的两大机制是：

（一）消除产生意志问题的原因

从情感过程和认知过程中寻找原因，如某人常有暴力攻击行为，经分析，原因是曾经有严重创伤性情结，得不到及时疏导。这方面的案例在心理咨询中较为常见。焦虑、抑郁和挫折、创伤等情结问题，都是导致不良行为的前因。

（二）对症治疗

采用正强化方法，可以巩固积极行为；用负强化方法，则能减少不良行为。

下面是意志行为问题咨询中的一个因果分析案例。

某少年沉迷于电子游戏，经常逃学到网吧玩游戏，无心向学，又乱花钱，即有沉迷游戏的行为，但未达医学上成瘾的标准。沉迷游戏的行为是突出问题，是结果。那前因呢？经分析：

第一，父亲经商办企业，经常外出，听说在外面还有了情人，但无实据，为此父母经常争吵，家无宁日。这是外部诱因。

第二，少年想劝父亲，但无能为力；想帮母亲，又束手无策。开始对自己低评价，低自尊，觉得自己无力做成任何事，这是认知过程问题。

第三，长此以往，徒增烦恼，这是情绪问题。

第四，父亲经常不归家，母亲在家业余时间孤单无聊时以玩游戏消磨时光，少年由于心烦又无其他宣泄渠道，也跟着玩游戏，在家玩不了就到网吧玩，直至沉迷其中，这就是结果。前面第一至第三为前因，其模型如下图所示：

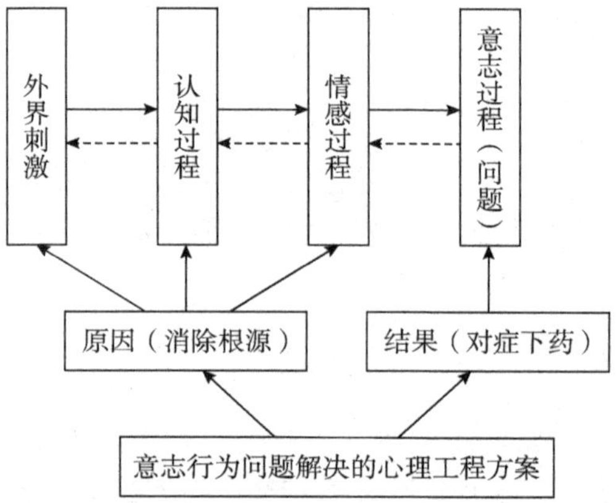

图4–4　意志行为问题解决的心理工程模式

网瘾、赌瘾、毒瘾、酒瘾者的意志都比较薄弱，是心理干预的关键点，但不是唯一点。这就是目前一些只以意志力训练为核心的成瘾性戒除技术难以获得高效的重要原因之一。外部诱因、认知和情感过程的问题都是前因，运用心理通道理论与技术将能系统地解决。

意志行为问题的解决，如果运用心理通道技术则能事半功倍。比如，某青年曾经有过严重的挫折创伤，情绪得不到及时宣泄，结果发展到经常借故攻击他人。根据挫折攻击理论，攻击他人的行为，是挫折情结（情绪）得不到有效消除并恶化的结果。这一案例中，仅仅从行为入手，运用正强化和负强化方法，可以使其收敛，但可能是暂时的，治标不治本，因为创伤情结还在。根据心理通道技术中的因果分析方法，从心理通道的前一站，情感过程入手，消除心理创伤，则可以使问题得到根本性解决，斩草除根。

因此，注重因果分析的心理咨询师往往先不直接理会求助者的症状，而是分析原因。

三、意志过程的修通步骤

（一）制定意志过程修通的基本策略

以认知过程和情感过程的修通为基础，以意志过程为核心，并防止不良意志行为泛化。通过行为问题评估、强化消除（对不良行为的负强化）与巩固（对积极行为的正强化），形成新的行为规范。

（二）因果关系分析

根据因果分析，找出心理问题原因，分析原因与结果的关联性，引导当事人反思、觉察和醒悟，从而消除意志不良行为。

（三）对症治疗

引导求助者自我调节，运用行为疗法消除不良行为习惯。

根据行为激励机制，重点运用正向激励，并运用奖惩结合手段，形成行为规范，修通意志过程。

根据意志行为机制：（1）行为发动。遵纪守法、习得行为规范和其他正常行为，可以通过意志机制发动。（2）行为制止。违反行为规范、违法乱纪行为和其他异常或不良行为，可以通过意志机制制止。

人类的消极行为根据严重程度分为：（1）违规行为：指违反规章制度和行为规范行为；（2）违纪行为：指违纪受到警告和记过等行政处分行为，情节比违规严重；（3）犯罪行为：指违反刑事法律受到刑事惩罚的行为，视情节严重程度分为一般案件、重大案件和特大案件。

各类意志行为问题，因果关系清晰的，都可以根据心理通道技术进行修通。

第五章

心理平衡疗法的理论与技术

第一节　概　述

心理平衡历来为中国人所重视。自从1992年世界卫生组织在《维多利亚宣言》中提出健康的四大基石——“合理膳食，适量运动，戒烟限酒，心理平衡”理念以来，心理平衡正逐步成为世界各国共同关心的热点话题。然而，由于处在起步阶段，国内外对心理平衡的解读多停留在经验总结阶段，缺乏深究。

叶扬从20世纪80年代初期开始，专门研究守法心理平衡理论与技术，建立了犯罪与改造（守法）心理大循环系统理论[①]，为我国当代科学的法制心理学建设工作添砖加瓦，研究成果广泛应用于工作实践。[②]

随着研究工作的深入，笔者发现，心理平衡原理不但在法制心理领域，在当下心理失衡已经日益成为我国社会大众普遍关心的热点问题的时代背景下，在普通人群心理保健中，也同样具有重要参考价值。作为探索，2003年叶扬发表了《心理平衡疗法》研究成果[③]；同年，在叶扬主编的《中国监狱劳教工作警官心理健康读本》一书

---

① 叶扬：《犯罪与改造工程》，中山大学出版社1992年版，第1页。

② 叶扬主编：《中国罪犯心理矫治教程》，法律出版社2003年版，第20–74页。

③ 叶扬：《心理平衡疗法》，载《广东司法警官职业学院学刊》2003年版第4期，第35–38页。

中[①]，叶扬专门撰写了《心理平衡疗法》一章（第15章），应用于我国司法警察心理保健工作实践；2004年叶扬撰写《心理平衡疗法的理论与实践》一文，于中国心理学会法制心理专业委员会（现名为中国心理学会法律心理学专业委员会）第11届学术研讨会上交流此文，这篇文章也被收入由我国著名法制心理学家罗大华教授主编的论文集中[②]；2016年被立为广东省阳江市哲学社会科学规划课题（编号：YJ2016B17），2017年9月21日通过验收，获优秀等级。从此，叶扬提出并创建的心理平衡理论与技术的影响日益扩大。

一、心理平衡概念

心理平衡是指人们能适应生活、学习和工作需要的正常心理状态。具体是指人的知、情、意过程的畅通、协调一致；人格完善；心身平衡；心理状态和心理结构平衡；主观与客观环境协调，具有良好的心理平衡和社会适应能力；等等。在更深层面上，心理平衡应包括五个层次：

1. 心理平衡是一种状态；
2. 心理平衡是一种理念；
3. 心理平衡是一种境界；
4. 心理平衡是一门科学；
5. 心理平衡是一种文化。

心理失衡在统计学上是对常模的负向偏离，偏离程度越大失衡就越大。在日常生活中，其常指心理状态的失衡，多是短暂性的。比如，情场失意、竞争落败等，一般不会造成严重的心理创伤。心理状态失衡经过1—2个月的调节，一般可以自行平复。本书则不局限于心理状态层面的分析，还从心理结构层面全面地对大家普遍关心的心理平衡问题进行深层次的实证分析，以提出更加科学的心理平衡方法。

---

① 叶扬主编：《中国监狱劳教工作警官心理健康读本》，法律出版社2003年版，第219页。

② 罗大华主编：《法制心理学的新起点》，吉林人民出版社2004年版，第243–251页。

二、心理平衡类型划分

心理平衡分为心理状态平衡和心理结构平衡两种类型。相应地，心理失衡也分为心理状态失衡和心理结构失衡两大类型。

（一）心理状态失衡

心理状态失衡是暂时性的心理失衡，是偶发的、短暂的，容易平复，是普遍存在的。

大部分心理状态不平衡现象可以通过自我调节平复，但是也有特例，如个别青少年因失恋或高考落榜第一时间想不开而自寻短见、报复他人等，问题就比较严重，因一时的冲动或过激酿成严重后果。

（二）心理结构失衡

心理结构失衡是在心理结构系统中，心理障碍因素大于心理健康因素，产生系统性或结构性的不平衡。这种不平衡是系统的、长期的、稳定的，一般凭当事人自身的能力难以平复。大部分罪犯具有反社会心理倾向，更是冰冻三尺非一日之寒；部分暴力犯罪人员有冲动型人格障碍，由于形成过程复杂，都需要经过艰难的矫治过程才能起效，有的甚至终生难改。比如，因在某街道上停车发生争执，刑满释放人员韩某将对方婴儿车中年仅2岁的小孩当街摔死，被判死刑。经了解，韩某曾多次犯罪，大部分时间在监狱里度过，反社会倾向和冲动性都十分明显。

心理失衡的表现形式多种多样，包括由攀比引发的心理不平衡、由期望值过高引发的心理不平衡、由好胜心引发的心理不平衡、由嫉妒引发的心理不平衡、由过分苛求引发的心理不平衡、由一般挫折引发的心理不平衡等。

三、以心理平衡理论为基础的心理健康标准

（一）心理健康概念

所谓心理健康，是指“人的心理，即知、情、意活动的内在关系

协调，心理的内容与客观世界保持统一，并据此能促使人体内、外环境平衡和促使个体与社会环境相适应的状态，并由此不断地发展健全的人格，提高生活质量，保持旺盛的精力和愉快的情绪”。[①]

（二）心理健康标准

关于心理健康的标准已有不少研究成果，郭念锋于1986年在《临床心理学概论》一书中提出心理健康的十条标准；许又新提出心理健康的三条标准；马建青从临床表现方面考察，提出心理健康的七条标准等。[②]本书采用叶扬从心理平衡的角度提出心理健康的五项标准[③]：

1.知、情、意过程的畅通、协调一致。

2.人格完善。

3.心理状态和心理结构平衡。

4.身心平衡。

5.主观与客观环境协调，具有良好的心理平衡和社会适应能力等。

是否具有心理自我调节和平衡能力，是心理健康的重要内容之一。心理平衡者在遭遇一般性挫折或其他影响生活、学习和工作的事件时，能及时、有效地恢复心理平衡，避免心理创伤。比如，大学生失恋，一般可以自我平复心态，失恋了就自杀的个案是极少数的。人本身具有强大的心理自我调节能力。

四、心理健康大循环系统理论

心理健康大循环系统理论的建立，是本书的创新点，是心理平衡的重要理论基础。根据辩证唯物主义观点，心理健康是相对于心理障

---

① 郭念锋主编：《国家职业资格培训教程：心理咨询师》，民族出版社2002年版，第169页。

② 郭念锋主编：《国家职业资格培训教程：心理咨询师》，民族出版社2002年版，第170–173页。

③ 叶扬主编：《中国监狱劳教工作警官心理健康读本》，法律出版社2003年版，第3页。

碍而言的。心理健康大循环系统理论从心理健康和心理障碍两个维度，及其相互转化关系，研究心理平衡的理论与技术。

（一）心理障碍形成过程基本模式

在现实生活中，心理健康的人转变为心理障碍患者，原因可能千差万别，有生物、心理和社会因素，程度也各不相同，有一般心理问题、心理障碍或重性精神病等。但是，最基本的过程都是由心理健康状态经历心理平衡点，由量变到质变，进而转变成心理障碍患者（见图5-1）。如果以心理平衡点为中心，可将这一复杂过程分为两个基本的变化阶段，心理平衡点以前是心理正常阶段，此后为心理异常阶段，心理平衡点是理论上的分界线。由此可以建立理论模式：

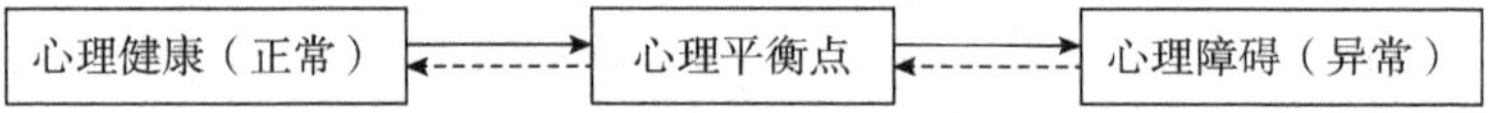

图5-1　心理障碍形成过程基本模式

（二）心理障碍消除过程基本模式

与心理障碍形成过程相反，心理障碍患者经过自我调节、心理咨询、心理治疗和心理康复等途径，最终消除了心理障碍，又一次实现由量变到质变过程的飞跃，逐步转变成为心理健康的人，过程也可能是十分复杂的，有的甚至经历多次反复，甚至遍访名医。其基本的理论模式见图5-2：

图5-2　消除心理障碍过程基本模式

（三）心理健康大循环系统理论

上述两个相对独立又相互联系的过程首尾有机地连接，形成了心理健康大循环系统（图5-3）。即心理健康的人在一定条件下心理健康状况由量变到质变，逐步转变成心理障碍患者，心理健康状况经历了由心理健康（正常）到心理障碍（异常）的否定过程。这个人经过自我调节、心理咨询、心理治疗和心理康复等过程，变化过程也可能十分复杂，甚至是漫长的，历尽艰难，最终消除了心理障碍，恢复了心理健康，由此而形成了心理健康大循环系统的基本模式：

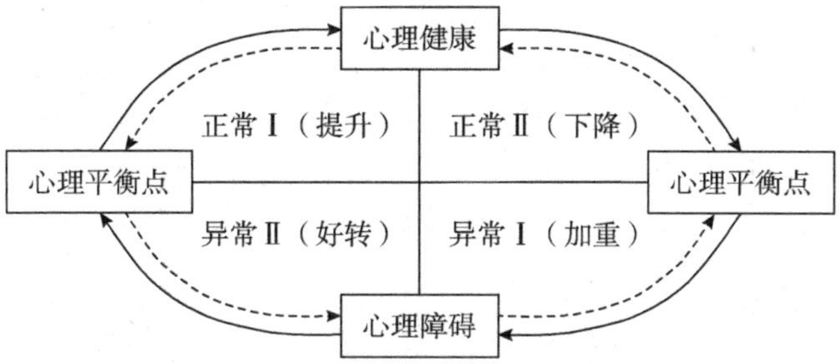

图5–3　心理健康大循环系统模式

如果将这一循环系统放到数轴上进行量化分析，则更加直观（见图5–4）。在数轴上，将心理正常Ⅰ、正常Ⅱ都放在纵轴正上方，是正值；将心理异常Ⅰ、异常Ⅱ都放在纵轴下方，是负值。并且，在数轴上，正值从0开始（正常Ⅰ开始端），达到最高值后开始下降，下降到0时达到临界（正常Ⅱ末端）。同样的表示方法，心理异常Ⅰ、异常Ⅱ也是从0开始，经历负数，最后又回归到0，由此经历了一个大循环周期。如果将图5–4中的异常Ⅰ、异常Ⅱ翻转，则分别与心理正常Ⅰ、正常Ⅱ重合变成椭圆形，即图5–3的模式。

所谓心理平衡工程就是科学调控心理健康大循环系统，从动态上消除人的心理障碍因素，提高心理健康水平，实现心理平衡发展。

心理健康大循环系统是心理发展变化的必然规律，循环过程中心理的否定是唯物辩证法的否定，是心理不断发展的过程，不是简单的循环往复。对这一系统进行有效控制，预防和消除心理障碍，提高心理健康水平，是一项全新的心理平衡系统工程。这一理论的提出，将极大地丰富我国本土心理学的理论与技术。

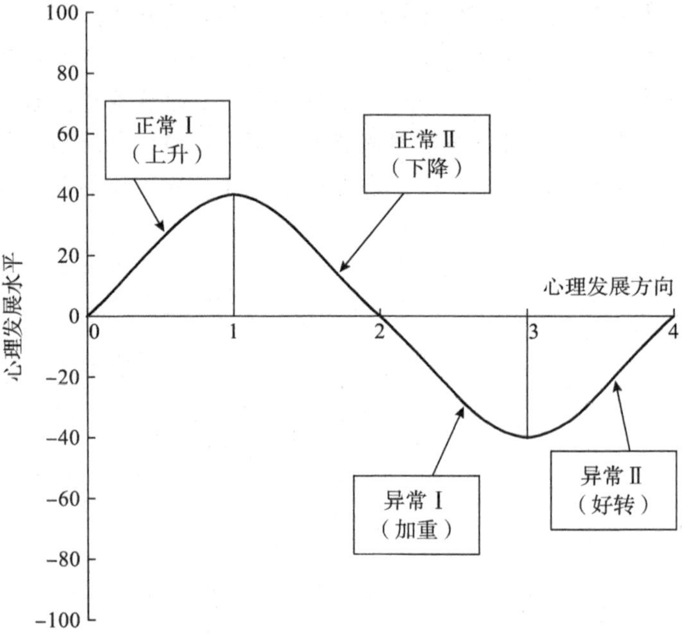

图 5–4　心理健康大循环系统的量化模式

第二节　心理平衡模式

在心理服务工作实践中，不论从心理健康大循环系统中心理障碍（异常）和心理健康（正常）两个维度同时或分别进行科学调控，都能实现心理平衡。

一、消极心理平衡模式

（一）消极心理平衡的概念

消极心理平衡是相对于积极心理平衡而言的以减少消极心理成分为出发点的心理平衡模式，又称消极心理平衡疗法，不是行动或态度上的消极对待。这种模式主要着眼于心理问题的解决，恢复心理平衡，提高心理健康水平。

简言之，就是就事论事，对症下药。这是传统的心理咨询中最常用的方法，即所谓“头痛医头，脚痛医脚”。

这种模式的优点是，求助者容易接受评估结论和咨询方案，实施过程中见效快，疗程短，花费少。不足之处是治标不治本，容易出现反复。

消极心理平衡模式是一种相对的心理咨询理论与技术的价值取向，并不是作为上的消极，从心理问题处着眼，可获得积极的咨询效果。

（二）消极心理平衡的主要对象

主要适合文化水平较低、求医愿望不强、心理问题较重、持续时间长，特别是有创伤情结的求助者。比如下面这个例子：郑某自幼聪明，读书成绩常排列班中第一、第二名，读初中时曾与同班一名漂亮女同学恋爱，因为是初恋，很投入，但最后被同班另一名男同学“横刀夺爱”。这还不罢休，对方还拉拢社会上几个“混混”将他痛打一顿，他深受打击，产生创伤，从此不敢上学，到处玩耍。家人在某市区开商场，收入不错，但是，他对正常的生意不感兴趣，心理不平衡，选择了通过打架、偷抢别人的东西等形式来发泄内心的痛楚，以此来平衡他的失落感，结果越陷越深，最后走向堕落。这类个案因果关系明确，持续时间长，求助者文化程度相对较低，运用消极心理平衡方法矫治时一般能收到比较好的效果。

（三）消极心理平衡的技术要点

1. 重既往，从过去的经历中找出形成心理问题的核心因素，分析心理问题形成的特点，把握主导症状，即找准心理问题“灰暗点”。并对心理问题的严重程度进行评估，确认是心理问题还是心理障碍。

2. 查明原因，引导当事人对心理问题的觉察、反思和醒悟，消除创伤情结或根源，达到心理平衡的目的。比如，青年陈某多次因偷窃入狱，他成为以盗窃为业的刑事惯犯累犯，究其原因却十分简单。小时候陈某父亲说钱包里少了10元钱，怀疑是正在读小学的陈某所为，事实上根本就不是那么一回事儿。但是，父亲不给陈某解释的机会，问题就一直在陈某心里压抑着，并且越来越难受，为了报复父亲，也为了宣泄心理的不平衡，陈某学做小偷，并一步步发展成为惯偷。在这个案例中，父亲的无端怀疑造成的心理压抑和创伤是原因，成为惯偷是结果。陈某在心理咨询师的帮助下，了解这些因果关系，领悟心理问题的形成机制，心理问题就得到矫治。

消极心理平衡从中医角度就是治已病，即从症状（心理问题）入手。《黄帝内经》认为，上工治未病（医生治尚未发作的病，不但不易成名，还常出力不讨好），中工治欲病（病来如山倒，难治），下工治已病（看起来药到病除）。消极心理平衡一般能收到药到病除的效果，最易被接受。

消极心理平衡模式关键是找准症状。人的心理症状在发作时往往不止一种，有时抑郁、焦虑和强迫症状等同时存在。因此，必须根据经验找出主导症状。比如，焦虑的人一般晚上入睡时在床上翻来覆去睡不着，抑郁的人则易早醒，等等。

（四）消极心理平衡的基本要求

1.首先找出心理问题，可以通过自查，也可以通过他人的帮助；问题产生的根源可能是有记忆以来的经历，也可能是近期经历重大或主要事件；可以用回忆方法，也可以用记事方法，结合日记，将各类事件记录下来备用。

2.分析消极行为、事件的危害，特别是到了犯罪边缘的行为，应作为反省的重点。

3.分析突出或重大事件形成的主观、客观或生物、心理和社会原因，根据心理学原理，求助者一旦在恶习行为与原因之间产生意识层面的醒悟，心理问题或症状就会减轻，心理会恢复平衡。

4.实现守法心理重构，主要是学法、懂法，培养依法办事的观念和行为习惯模式，做守法公民。

二、积极心理平衡模式

（一）积极心理平衡的概念

与消极心理平衡模式相反，这是一种以增加心理健康成分为价值取向的心理平衡模式，又称积极心理平衡疗法。从增加心理健康成分入手，可以抑制消极心理成分，调节心理平衡，同样可以提高心理健康水平，实现心理平衡。这是当代心理咨询和心理治疗的发展方向。

有些家长育儿的成功经验是：好孩子是夸奖出来的，孩子越骂越蠢。曾国藩曾经说过：劝人不可指其过，须先美其长。这就是选择了积极的引导方法，更加有利于人改正错误。同样是面对失败或挫折，消极悲观者感觉陷入万劫不复之境，积极乐观者则将其看作人生通向成功的新起点，积极与消极，悲观与乐观，最终的命运截然不同。

积极心理平衡模式相信人具有解决自身心理问题的能力，充分调动求助者自身的积极性，深挖其自身的积极心理资源，并充分利用。让求助者不但将心理平衡过程变成解决心理问题的过程，也变成自我成长进步的过程，一举两得。同时，不涉既往，可以避免求助者因回忆既往突发或重大不幸生活事件带来的二次伤害和痛苦。

（二）积极心理平衡的主要对象

积极心理平衡的主要适用对象是文化水平较高、求助愿望强烈、心理问题发生时间短、程度较轻的求助者。特别是个性乐观、性格开朗的求助者，对积极心理平衡模式更加适用。相反，对个性内向、消极情绪强烈的求助者，多宜采取消极心理平衡模式。当然这是相对而言，并无绝对，有时在同一心理咨询过程中两种模式都会用到。

（三）积极心理平衡的技术要点

1.正向。正向思维是一种与“负性”相反的思维方式，是现代心理咨询提倡的价值取向，学会正向的思维模式，提倡积极的信念、积极的价值观念、积极的思维模式，从而培养积极向上的个性倾向，达到心正路直、心宽路阔、心乐病除、无往不胜的效果。路在脚下，成败由人，人的关键是心：人心和心态。个性影响前途命运，心态左右身心健康，积极、正向的心态有利于心理平衡。

2.预期。人为什么会自杀？个中原因十分复杂，共同点是绝望。例如，某中年农民，一家三口辛辛苦苦将一批猪养大，拉到市场卖出后得款1500元，原本是一件高兴事，却变成一场悲剧。原因何在？当那个中年农民卖猪得款后，他的儿子要他买一根冰棒，这本是一件小事，可是父亲掏钱时被在市场流窜的小偷察觉，结果不久钱被偷了。中年农民回家后坐不定，吃不下，睡不好，最后把怨恨发泄到儿子身上，把儿子带到山上，从悬崖上踢下去，儿子被活活摔死。他的妻子知道钱被偷，儿子被摔死的消息后，承受不了这么大的打击，一气之下上吊死了。这个中年农民钱没有了，妻子和儿子都死了，自己也绝望了，看不到明天，喝下一瓶农药自杀了。

在心理干预过程中，要让企图自杀者绝处逢生，最好的药引是希望。积极心理平衡模式提倡平衡心理、点燃希望的基本理念。让求助者在希望中平衡心理，在平衡心理中拥抱新的希望，在咨询过程中充满积极预期，充分发挥主观能动性作用。

3.探索。人类要征服自然，征服世界，首先要战胜自己。如果自己都战胜不了，又何以在竞争中取胜？人有时会自以为是，是因为不了解自己和环境，认识自己是人生最大的难题。认识自己的方法之一是探索。探索，指多方寻找答案的过程。在心理平衡的过程中，进行积极的认知探索，思考在经历心理问题的过程中自己是如何走过来的，从而觉察、警醒自己，领悟人生真谛，从容面对荣辱得失，实现心理平衡。可借用生命线和分析树等科学方法，发现潜能，激发潜能，提高积极探索的效率。应该相信，探索者的路就在自己脚下。

4.体验。体验是指通过亲身实践所获得的经验。体验在营销中广泛使用。在心理平衡中体验有两种方式：一是对自己生活中成功的事件的体验，获得成就感，增强自信心；二是对今后假设成功的事件的体验，如心理问题得到彻底解决，提升心理动力。成功体验能增强人的成就感、快乐感和幸福感，增强自信，提高心理健康水平。

积极心理平衡与积极心理学既有联系，也有区别。积极心理学是心理学领域的一场革命，也是人类社会发展史中的一个新里程碑，是一门从积极角度研究传统心理学内容的新兴科学。积极心理学作为一个研究领域的形成，以塞利格曼等人于2000年1月发表的论文《积极心理学导论》为标志。它采用科学的原则和方法来研究幸福，倡导心理学的积极取向，以探究人类的积极心理品质、关注人类的健康幸福与和谐发展。积极心理平衡与积极心理学都具有积极的取向，区别是前者只是心理调节的方法，后者是学科。

（四）积极心理平衡的基本要求

运用这一技术的基本要求是：

1.找出自己积极的心理资源，自己的优点、亮点、闪光点，自我激励，增强自信。

2.对自己过去守法行为的回忆与体验，对守法光荣的前景进行憧憬，拥抱希望，增强信心。

3.以守法的规范严格要求自己，做守法公民。

第三节　各临床相的心理平衡技术

心理健康大循环过程分四种基本临床相（见图5-3），其中，心理正常状态分两相：正常Ⅰ和正常Ⅱ；异常状态也分两相：异常Ⅰ和异常Ⅱ。各相的特点是：

一、正常心理临床相的特点与要求

（一）心理正常Ⅰ

这类人属于心理健康人群，其心理健康水平处在不断提升状态（见图5-4）。对这部分人心理保健的任务主要是，系统地进行心理健康教育，增强心理保健意识，掌握心理保健基本知识和方法，组织开展经常性的心理保健活动，做到心理健康的警钟长鸣，居“康”思危，不断增强心理素质，提高心理健康水平。

（二）心理正常Ⅱ

这类人心理健康水平还处在正常范围，但是，由于心理压力大或遇到突发性事件，心理健康水平已经呈现下降趋势，即平时所说的“亚健康”状态。他们如果不能及时进行自我调节，或者得到同事或心理咨询师的帮助，可能会产生心理健康问题，甚至严重的心理问题。这部分人情况比较复杂，尽管心理健康状况总体在正常范围，但是已经出现严重分化：心理健康人群；心理不健康，出现一般心理问题或严重心理问题人群。对于这类人员，除强调他们自身的心理调节外，还必须及时对有心理问题人群开展心理咨询和心理治疗服务，使其消除心理问题，确保心理平衡。

二、异常心理临床相的特点与要求

（一）心理异常Ⅰ

这类人是心理异常人群，处在心理障碍不断加重的状态，如果不能自我调节，又不及时进行心理咨询和心理治疗，最终可能成为严重心理障碍患者。这部分人的心理健康状况最不乐观，心理出现异常并处在加重状态。根据《中国精神障碍分类与诊断标准（第3版）》（CCMD-3），以及精神卫生法规定，要由精神科进行专业诊治，病情稳定后可进行心理治疗或心理咨询，消除心理障碍的心因性因素。

（二）心理异常Ⅱ

这部分人是心理康复人群，仍属心理异常范围，但是经过心理咨询和心理治疗，心理障碍呈现不断好转、逐渐康复状态。在心理治疗的同时，要开展心理康复训练，巩固和提高心理健康水平，恢复社会功能，预防复发，提高生活质量。

各心理临床相的特点、任务和主要对策概述于表5-1：

表5-1 各心理临床相的特点、任务和主要对策

维度	心理正常		心理异常	
临床相划分及特点	正常Ⅰ	正常Ⅱ	异常Ⅰ	异常Ⅱ
	心理健康，心理健康水平处在不断提升状态	心理健康，但心理健康水平呈下降趋势，如果不能及时自我调节或得到心理帮助，可能产生心理问题	心理异常，处在心理障碍不断加重的状态，如果不能自我调节，又不进行心理咨询和治疗，最终可能成为严重心理障碍患者	心理仍属异常范围，但是经过心理咨询和心理治疗，心理障碍呈不断好转、逐渐康复状态
任务	增进心理健康	预防心理问题	消除心理障碍	心理康复训练
主要对策	教育	咨询	治疗	康复

心理问题四种临床相的科学划分，为心理保健、心理咨询和心理治疗工作的针对性开展提供了科学依据。

第六章

心理书画艺术疗法的理论与技术

书画是书法和绘画的简称。改革开放以来，随着我国社会经济腾飞，大国崛起，人民群众追求美好物质和精神生活的愿望愈加强烈，审美情趣和精神生活需求普遍提高，中国书画艺术正从过去少数精英人群偏好的象牙塔走向大众生活，成为广大人民群众喜闻乐见的艺术活动。自古书画家多长寿，在中华文明上下五千年的漫长历史长河中，书画活动用于心理保健的历史源远流长。但是，由于科学发展的局限性，现在人们从史料中查找到的，都是一些极为个别的、零散的书画艺术心理保健案例，未能形成系统的书画艺术保健理论和技术。我们从2011年开始的本项探索，则对此进行了系统研究，取得了可喜的创新成果。心理书画艺术一词最早由叶扬提出，他也是心理书画艺术疗法的创建人。

第一节　心理书画艺术分类

根据参与对象心理健康状况的不同，心理书画艺术分为三大类。

一、心理保健书画艺术

（一）心理保健书画艺术的特点

参与对象主要是心理健康人群，进行心理书画艺术活动的目的主要是放松心情，释放心理压力，提升艺术文化修养，增进心理健康。

练习书画是一项全身运动，像打太极拳，通过各个环节的协调来影响人体生理活动，达到调节身心、强身健体的目的。这种群众性的保健性书画活动，不受限于职业艺术圈，一切书画爱好者都可以参与，可以成为群众喜爱的文化活动。在实践中，欣赏书画作品，可以使人赏心悦目，心情愉悦，心理平衡。另外，艺术作品具有一定的持久性，比较不容易被记忆扭曲，可以让人经过一段时间后仍然再完整地回顾、欣赏或比较，从中产生新的发现及洞察，触动更深一层的感觉。

心理书画艺术活动一般从书法开始，一定的书法笔功则成为绘画的基础。历史上很多画家本身也是书法家。比如，大家都熟知启功的书法一流，其实他的绘画也有很深的造诣。

（二）心理保健书画艺术的活动形式

心理保健书画艺术形式多样，主要有：第一，部门或单位集体性或集中性的群众性的心理书画艺术保健活动。比如，节假日期间，单位以调节身心健康为目的的书画爱好活动，全员都可以自愿报名参加。第二，专项团体性书画心理保健艺术活动。比如，部门或单位中某一类书画爱好者聚集在一起开展的心理书画艺术保健活动，如楷书爱好者或水彩画爱好者等，或者是感到工作有压力的一群人聚集在心理保健中心，一起开展书画活动等。第三，个别心理书画艺术活动，一般根据个人申请在心理服务专业场所内进行。

二、心理咨询书画艺术

（一）心理咨询书画艺术的特点

心理咨询书画艺术活动根据个人申请和自愿原则，在心理咨询专业场所内，在心理咨询师的指导下进行，参与对象主要是有一般心理问题或严重心理问题，属于心理咨询对象范围的来访者，主要目标是解决在心理咨询业务范围内的心理问题，恢复心理健康。在这里，心理书画艺术活动被用作心理咨询的技术手段。

作画时可以自由发挥，通过认知探索和情感表达等，结合心理咨询师的分析与疏导，释放压抑，放松心情，消除心理问题，恢复心理健康。书画活动过程和方式也不受限于传统艺术的条条框框，可以自由发挥，以自由创作为主。在专业的心理咨询活动过程中产生的书画艺术称为心理咨询书画艺术，其作品常带有心理问题的意象表达。

（二）心理咨询书画艺术的适用对象

主要适用于消除噩梦，平复心理创伤，消除焦虑、抑郁情绪，解决适应与发展性问题等。

三、心理治疗书画艺术

（一）心理治疗书画艺术特点

心理治疗书画活动根据个人申请和自愿原则，在心理服务专业场所内，在专业人员指导下进行，主要参与对象是心理（精神）障碍人员，主要目标是对精神障碍进行治疗，恢复心理健康。在画作时同样可以自由发挥，通过内容表达、情绪投射和将潜意识问题意识化等途径，结合从事矫治人员的分析与疏导，达到治疗目的。书画活动同样不受限于传统艺术的条条框框，可以自由表达，在治疗过程中以自由创作为主。在专业的心理治疗过程中产生的书画艺术称为心理治疗书画艺术，其作品常有精神病性的意象表达，并成为潜意识释放和治愈的路径。

（二）心理治疗书画艺术对象范围

心理治疗书画艺术主要适用于精神分裂症、焦虑症、抑郁症、双相情感障碍、偏执性精神病和精神活性物质所致精神障碍等心理障碍的治疗。在药物治疗基础上，可以用作辅助治疗。[①]

这三种类型的心理书画艺术的相互关系是：（1）心理保健书画艺术是基础，也是关键，是面向广大心理健康人群的艺术活动，参与者

---

① 叶扬：《精神分裂症罪犯心理书画治疗案例》，载“司法行政（法律服务）案例库”网站，2018年3月21日访问，第367号。

众多。（2）心理咨询书画艺术是重点。随着社会经济的突飞猛进、体制改革提速、社会竞争激烈、生活节奏加速、文化多元、价值观念变迁等，人们遇到的心理问题愈加复杂多样，越来越多的人忍受着心理问题的折磨，需要形式多样的心理帮助，心理书画艺术活动则为他们提供了一种全新的非语言的、能将潜意识问题视觉化而又十分愉快地解决心理问题的选择方案。（3）心理治疗书画艺术是难点。目前在全世界范围内，无论哪个国家、民族、地区，不管社会经济发展程度如何，在一定范围内的精神病发生率依然是不可避免的。心理治疗书画艺术是心理障碍的一种十分有效的非药物治疗方法，具有重要的理论和应用价值，但是，随着精神卫生法的深入普及，对心理治疗的技术规范越来越严格，新的治疗方式开展难度大，因此是难点。

这三类书画艺术运行特点是，最终都回归到心理保健书画艺术上。有心理问题的人员，在心理问题解决后，如果继续通过书画活动调节心理平衡，其实就是一种已经恢复了心理健康的人进行的心理保健活动；同样，心理障碍人员的精神病性症状和一般心理问题解决以后，如果再通过书画活动调节心理平衡，也是一种已经恢复了心理健康的人进行的心理保健活动。因此，心理保健书画活动是基础。

综上所述，心理书画艺术是在心理服务的专业场所内，在专业人员指导下进行的书画活动。在这一实践过程中，心理书画既是技术，也是艺术。其作为解决心理问题的手段和方法，是技术，也称疗法；在这一过程中所产生的书画作品，具有艺术价值，因此，也是艺术，并且具有鲜明的特色，如求助者根据梦的情境画出来的画，不但是精神分析的重要材料，有的也具有很高的艺术价值。

心理书画艺术作品大多有具原创性，在形成过程中具有无师自通的创造性，不受制于传统的艺术圈。

简言之，心理书画是在心理服务过程中产生的艺术。

第二节　心理书画艺术咨询与治疗基本原理

心理书画艺术的基本原理概括为：艺术、想象、对称和平衡。其中，艺术是基础，想象是特色，对称是要求，平衡是目的。

一、艺术是基础

心理书画是艺术。在中国文化史上，绘画是一个重要组成部分，如陆机所言：“宣物莫大于言，存形莫善于画。”中国传统绘画注重达意畅神与线条造型，以结构组织为主，色彩明暗相辅，在满足人们视觉享受的同时，更能启人心智、怡人神情、平衡心理。传统西方绘画则是在画面上常用各种方法技巧，如远近法、薄雾法等，强调物体的质感，或精深地画出立体感，或引起空间的错觉，与中国传统绘画有着本质区别。心理书画艺术在形成和发展中广泛汲取了中华传统书画的艺术精华，并形成艺术特色。

二、想象是特色

想象是对于不在眼前的事物想出它的具体形象、设想，是人在大脑中对凭借记忆所提供的材料进行加工，将过去经验中已形成的一些暂时联系进行新的结合，从而产生新形象的心理过程。它是一种特殊的思维形式。而想象力是人在已有形象的基础上，在头脑中创造出新形象的能力。它是人类特有的对客观世界的一种反映形式。它通过想象力能突破时间和空间的束缚，达到“思接千载”“神通万里”的境域。心理书画艺术使人在自由宽松的环境下充分发挥想象力，任意表达自己的愿望，具有强大的创造性和生命力。

书画能让人发挥出巨大的想象空间和潜力，具有很好的保健作用。一般而言，书画多数是有意想象，有意想象是有意识地在书画上表达个人意象，是愿望的表达；而精神病人在发病期间所作的书画多是潜意识中的无意想象，无意想象则多是投射，在书画上表现的是潜意识的意象，是压抑的释放，通过这种释放达到治疗效果。

想象在心理书画中的特殊意义，一是联想，二是象征。前者是由书画联想到心理问题；后者是由书画传达心理上的象征意义，具有极为丰富的中国传统文化底蕴。象征在绘画咨询活动中得到广泛应用。东、西方绘画艺术的争论多在写意与写实之间。与传统书画比较，心理书画重在意象和写意，但不排斥写实。

三、对称是要求

对称是普遍现象，如人的双眼、双耳、双手和双腿等。对称具有外观上的美感和功能上的平衡与增强作用。比如，人缺失一只眼睛或耳朵就显得不协调，走钢丝绳时摆动双手可起到重心和力的平衡作用，对心理平衡更具有积极的暗示和联想等特殊作用。暗示是大众心理现象，大部分人皆有之。暗示可以是他人暗示，也可以是自我暗示，绘画则属于自我暗示。

双相情感障碍人员的心理书画作品中，常见对称表达的手法，如画面上对称的两座山、两棵树或两只船等。从大量双相情感障碍患者的心理书画艺术作品分析中可以发现，画中对称（或双重）表达，是他们绘画中出现的特有现象，也是典型特征。笔者通过随访得知，该类型患者在如此绘画之后都感到心情特别舒畅。这表明绘画的对称表达有助于恢复心理平衡。寻求对称与平衡，正是心理书画艺术保健的一个内在机制，以此来实现心理的平复。

四、平衡是目的

根据心理平衡理论，从心理健康大循环系统的动态角度，实现心理平衡有两个基本维度：消除心理障碍系统中的成分，或者提升心理健康系统的水平，都可以实现心理平衡发展。①

心理书画艺术活动恰恰同时具有这两种功能，既具有心理障碍的自我矫治功能，又可以从心理健康系统的维度着眼，提升心理健康水平，从而系统地推动心理的平衡发展。而后者恰恰是目前其他类型的研究所忽视的。

此外，精神分析和认知理论等多种流派学说也支持心理书画艺术保健理论与技术的建立。心理活动过程中的内容和情感表达、投射等

---

① 叶扬：《心理平衡疗法》，载《广东司法警官职业学院学刊》2003年第4期，第35–38页。

都是书画平衡心理的重要机制。

第三节 心理书画艺术咨询与治疗评估技术[①]

一、心理书画评估的概念

投射原理很早就被用于心理测验。根据心理投射原理，人们的心理问题，以及被压抑的潜意识，可以通过投射的方式反映到画面上。这一过程不仅暴露了人们心理问题的种类、性质及严重程度，同时也为心理评估提供了依据。俗话说，文如其人，同样，书如其人、画如其人，书画是人内心的真实写照。根据书画者投射或表达到书法或绘画作品上的内容、形象、意境、象征意义等，对其心理问题或心理疾病进行科学评估的过程，就叫作心理问题或心理疾病的心理书画艺术评估。其特点：一是直观性，心理问题直接表露在画面上，便于观察，是非语言评估技术，特别适于不善言辞的人、少年儿童，甚至聋哑人使用。二是广泛性，绘画者可以自由表达自己内心世界的任何想象。三是灵活性，绘画可大可小，可用各种绘画工具和画法等。

二、心理书画评估的维度与原则

（一）评估维度

1.从评估的时空角度上可分为静止信息和绘画过程中的动态信息两个维度。静止信息包括：线条粗细和流畅性、使用颜色的种类与比例、构图、景物之间的关系、绘画的主题和内容、画面的大小、对称性、人物和景物的位置等。动态信息包括：描绘物体的顺序、笔画的力度、作画的时间、伴随的情绪、停顿的次数和时间等。[②]

---

① 服刑人员心理书画艺术评估课题组：《心理书画艺术评估技术在服刑人员心理矫治工作中的应用研究》，载《中国监狱学刊》2019年第2期，第84–89页。

② 童欣：《绘画心理分析》，机械工业出版社2017年版，第38页。

2.从评估的内容上可分为心理发展程度、认知水平、情绪种类与程度、家庭和社会人际关系、家庭与组织的气氛与凝聚力、人格发展、性取向、婚姻质量等多个维度。[①]

（二）评估原则

心理书画作品具有评估价值，根据心理书画评估诊断来访者心理问题时有如下原则：

1.注意作品的整体观察和细节分析相结合；

2.注重作品的静态特征和动态观察相结合；

3.注重作品的文化背景与来访者的个人成长史相结合；

4.注重绘画测验与临床晤谈、现场观察等检测指标相结合。

三、心理书画评估技术

心理书画评估技术不但注重单幅绘画的基本特征分析，如焦虑症和抑郁症人员绘画的基本特征是什么，也注重绘画过程中画面和心理变化的相关性分析，并从动态过程的连续性上评估来访者心理问题的发展变化方向。

（一）根据心理反应特点进行的评估

1.愿望表达性心理书画艺术评估。

表达是常见的心理现象，也是一种技术。表达是直接的，可以重复。表达的背后都有愿望。比如，孤身一人漂泊在外，思家念亲，就在画作中画了家乡的房子、大树或小河等。

2.投射性心理书画艺术评估。

投射是在心理测验中最早使用的一种心理技术，又称投射性心理测验。投射是间接的，同一内容不可重复。投射的背后都有故事，是潜意识的表露。精神分析有一种防御机制叫投射，指把自己的性格、

---

① 邱鸿钟编著：《艺术心理评估与绘画治疗》，广东高等教育出版社2014年版，第78–79页。

态度、动机或欲望，投射到别人身上。弗洛伊德于1894年提出此概念，用以分析及了解来访者的内心世界。精神分析认为，投射是个体自我对抗超我时，为减除内心罪恶感所使用的一种防御方式。辛弃疾有一首词中的“我见青山多妩媚，料青山见我应如是”，及庄子与惠施“临渊羡鱼”的故事，都是说明投射作用的例子。其实质是个体将自己身上所存在的心理行为特征推测成在他人身上也同样存在。比如，假若自己是个满怀信心、常带微笑的人，就容易将某人也想象成同样的人并画出来。

3.精神病性的心理书画艺术评估。精神病人将妄想、幻觉中的情境画出来，同一般人的表达和投射是有严格区别的。比如，一名精神分裂症来访者申请心理书画治疗时的作品，在他的画作中，人鸟一体，十分夸张，这其实是潜意识的表露。根据绘画，结合面谈和观察情况，可以判断来访者是否有精神病倾向。

（二）根据绘画内容进行的评估

1.对梦的心理书画艺术评估。

用绘画表达梦境有多种类型，可以是一般的梦境，也可以是噩梦中的意境。绘画过程会暴露噩梦内容和成因，这是评估和咨询的重要依据。

2.心理创伤的心理书画艺术评估。

有过心理创伤经历的绘画者，可以是有意识地通过艺术形式（变换场所、方式、主角）再现创伤，也可以是无意识（潜意识）地暴露创伤。画面中常出现断、残、破等现象。具体为：

第一，画面中出现枯木、枯苗、枯草等枯萎现象。

第二，画面中出现房屋和器具等破损现象。

第三，画面中的人物出现断臂和断腿等缺损现象。

经面谈了解和分析，出现这些现象有两种情况：一是有意识地表达创伤主题；二是潜意识的，作画时他们并非刻意要这样做，却无意中将这些情境表达了出来，进而使创伤造成的压抑竟然得到了有效释放，起到心理咨询作用。

3.焦虑的心理书画艺术评估。

焦虑的特点是莫名其妙地恐惧不安，或对未来的不确定性的担心和害怕。画作中，常有呈爆炸或浓重的烟雾状态的意象，重彩浓墨，与抑郁患者单调的画面形成鲜明的对照。浓烟或大雾都具有很快消散的特点，焦虑患者希望有云开日出那种心旷神怡的感觉或状态。即他们最需要的是通过绘画活动实现情绪的放松，消除心理失衡状态。在绘画咨询时要结合心理疏导，引导他们通过绘画活动，学会心理放松的方法，提升心理健康水平和个性品质，并培养良好的生活习惯。

4.抑郁的心理书画艺术评估。

抑郁的特点是思维迟缓，情绪低落，运动减少，向后看、自责、自罪、悲伤。画作通常显示出单调、缺乏生机活力的意象。常有枯枝、残花、败柳。画作中一般有太阳出现，有渴望阳光、温暖之意。比如，某抑郁症来访者绘画作品《树》，是一棵断了大半截的树，旁边有个非常大的太阳，投射出心情悲伤和渴望得到关怀、温暖的意象。如果是画面漆黑或乌云密布，看不到阳光的抑郁症来访者，则可能是缺乏求生愿望的重性抑郁症人员。

5.双相情感障碍的心理书画艺术评估。

在双相情感障碍人员的心理书画作品中，常见“对称表达”的意象，如画面上对称的两座山或两只船等，这不仅具有艺术上的美感，还有将潜意识意识化的咨询与治疗作用。从大量双相情感障碍患者的心理书画分析可知，“对称表达”是他们绘画中的特有现象，笔者通过随访得知，该类型人员在如此绘画后，都感到心情特别舒畅。对称或双面的表达正是心理书画艺术咨询与治疗的一个内在机制，以此来实现心理平衡。根据绘画过程中的谈话了解，这类人长期生活在内心的矛盾冲突中，常为左右为难的情绪所困扰。

6.偏执性障碍的心理书画艺术评估。

偏执性精神病人员的画作通常显示单一、刻板的意境，画者会反复画某一主题，试图尽量精准表达，追求完美，有时画作重复和雷同。比如，某偏执性精神病人员申请心理书画艺术治疗时，在一个疗程的

5次绘画中，竟然连续3次画了单一的红旗。

7.精神活性物质滥用所致精神障碍的心理书画艺术评估。

精神活性物质是指来自体外，可影响精神活动并可导致成瘾的物质。患者常表现为物质成瘾，如近年来有增多趋势的吸毒成瘾。这类人员的绘画画面一般比较浓重，与焦虑症患者的绘画有相似之处。区别是，这类人员绘画过程中常出现以肉、水果、鸡蛋和饮料等食物为主题的绘画，这表明由于精神活性物质滥用所致精神障碍而造成的体内营养不良，是其重要特征之一。

根据上述画面的基本特征和绘画者的自述，结合心理咨询（治疗）师的经验和判断，则可以对来访者发生了何种心理问题或心理疾病倾向进行评估。

这些评估是经验性评估，不是标准化评估，只作为开展绘画咨询过程中的参考或辅助工具。

四、心理书画评估要求

（一）心理咨询（治疗）师的书画素质和实操技能

心理书画艺术评估对心理咨询（治疗）师的要求是，不但要有心理咨询（治疗）的专业知识，还要有一定的书画知识、技能和评估技术，以及丰富的工作经验。评估活动要在心理矫治专业场所内进行，执行严格的心理服务操作规范和评估标准。

（二）对来访者的要求

来访者要具备两个基本条件：一是具有一定的书画基础或创作愿望；二是能积极配合。在评估开始时心理咨询（治疗）师要向他们讲明评估的目的和要求，即用好指导语，使作品能真实反映他们的内心世界。

评估性绘画一般要求画1—3幅，并结合面谈，使双方认为心理问题已经得到准确评估为宜。

第四节　心理书画艺术咨询与治疗技术

一、心理书画活动场所

心理书画艺术活动主要在心理服务专业场所内，在专业人员指导下进行，执行严格的心理服务操作规范。

二、心理书画活动的导入

活动开始前，要向来访者讲明心理书画的目的是放松心情、减轻心理压力、平衡心理；要发挥导向、放松和积极心理暗示作用，增强活动预期，提高效果；要简明扼要地介绍心理书画活动的基础知识和基本要求；绘画以原创为主，自由表达，尽量不模仿旧画。在绘画过程中，心理咨询（治疗）师要结合来访者的提问或绘画反映出来的突出问题对其进行适时得当的解释和疏导。

三、心理书画创作基本形式

心理书画艺术活动根据要求不同分为自由创作和命题创作两种基本形式。一般以前者为主，在心理评估或多人合作的情况下，多采用后者，指定主题。一般在咨询与治疗的初始阶段或第一疗程中，以自由创作为主；此后，根据需要进行命题创作。命题绘画内容包括人物、树木花草、房屋建筑、自然山水、地理风貌、动物等来访者喜欢的或不喜欢的事物。

一般绘画有水彩和油画等多种形式，材质可采用图画纸、水彩纸或宣纸等。绘制3—5幅作品为一疗程，可在1—2周内完成。

四、心理书画活动过程安排

一般一个疗程为连续3—5次书画活动为宜。如果绘画次数过少，则对咨询与治疗过程中的效果变化很难观察与评估；绘画可以连续进行，也可以隔天进行，但间隔一般不宜超过1周。根据观察，连续进行绘画要比间隔进行的效果好；长程绘画咨询与治疗则以每周1—2次为宜。由于来访者绘画能力、资源不同，何时结束绘画以来访者意愿为准，不强求特定的绘画次数。绘画结束时，心理访谈、疏导、分享和鼓励十分重要，可以提高和巩固咨询效果。

绘画活动可以个别进行，但以团体的方式开展效果会更好。在同类心理问题团体内的交流和分享，可以增强效果。团体咨询与治疗一般由6—10人组成，时间为3—5天，绘画5—8次为一个疗程，一般不少于3幅，以便于观察绘画过程中心理的变化情况。

团体辅导的要求概括为：集中辅导，独立绘画，合作分享，共同成长。绘画开始时由心理咨询（治疗）师集中讲解辅导，提出基本要求；参与绘画的人员每次（半天内）独立完成1—2幅画作，主题和绘画方法自定，将作品交心理咨询（治疗）师时，就画作的主题、内容表达以及与自己心理的关系等进行交谈，并针对暴露的问题选择自愿接受心理疏导；每次结束时有集中分享时间，自愿分享绘画成果和感悟，心理咨询（治疗）师现场点评；后期安排半天时间集体命题、绘画，增进人与人之间的沟通、协调和交往联系，体验合作成果，达到共同成长的目的。

五、绘画效果的区分度

从画面上分析，心理问题越严重或越突出，绘画的区分度就越高，心理障碍人士的绘画区分度比有一般心理问题的绘画人士的高；有心理问题人士的绘画区分度又比心理健康人士的高。

（一）心理健康人士的心理书画艺术

这类人士的作品内容、布局和设色与普通人的画作无明显区别，有大众化特点，多是反映绘画者个性化的绘画风格、审美情趣和文化艺术修养特征等。

（二）有心理问题人士的心理书画艺术

这类人士的作品内容、布局和设色与普通画作有区别，常具有反映心理问题的意象，如反映焦虑与抑郁问题、噩梦和心理创伤情景的意象等。

（三）心理障碍人士的心理书画艺术

这类人士的作品常有精神病性表达，有的画面上具有幻觉或妄想特征。

六、心理书画艺术咨询与治疗的核心技术

通过心理书画活动将噩梦和创伤情境再现，将心理问题暴露，都能使心理问题得到有效改善，这是心理书画艺术咨询与治疗的关键环节和核心技术，即以病治病、以毒攻毒技术。

（一）噩梦情境艺术再现与消除技术

这一技术，又称以画（梦）析梦技术。梦是人在睡眠时产生想象的影像、声音、思考或感觉。在日常生活中，人们常被噩梦困扰。根据弗洛伊德的精神分析理论，梦是愿望的达成，有利于人类的生存。梦境可通过直观的、曲折的、隐喻的、象征的方式反映个人愿望。而噩梦对人的困扰很大，噩梦连连者，通过心理书画艺术咨询，将噩梦情境在画面上用艺术形式表达出来，以画解梦，并辅以心理咨询（治疗）师的疏导，则能达到很好的咨询（治疗）效果，及时消除噩梦。

在心理书画艺术咨询与治疗实践中，噩梦典型画面的呈现不是在绘画一开始时就出现的，一般在一个疗程中的第二、第三次绘画时才会呈现出来。

（二）创伤情境艺术再现与消除技术

这一技术，又称以画（创伤）治创伤技术。创伤情境再现不是画面简单的重复，创伤者通过绘画艺术再现创伤情境，并重新设想科学或最佳的现场处置、拯救和治愈方法，以获得新的体验、愉悦感，进行情境和心理重构，从而抚平创伤、平复心理，这是通过绘画平复心理创伤的重要机制，即以画（创伤）治创伤技术。绘画对有挫折经历或心理创伤的人员的心理咨询或治疗具有重要意义。

（三）精神病性暴露与消除技术

这一技术是典型的以画（病）治病技术。主要由心理障碍人员将

其妄想或幻觉等情境，通过绘画形式暴露出来，使造成心理障碍的关键因素——潜意识变得意识化，实现以画（病）治病，这也是心理障碍绘画治疗的重要机制。潜意识的背后都有压抑或情结。心理障碍人员通过绘画暴露其潜意识，疏解其压抑。帮其解读画中透露的潜意识意图，就可以起到“看见是解脱的开始”“将潜意识进行意识化”，从而消除心理疾病的作用。

研究结果表明，潜意识在画面中的暴露具有一次性特点，同一潜意识画面无法在以后的绘画矫治中重复呈现。即潜意识可能具有多样性和复杂性，但同一潜意识的意象，在心理书画上的投射不具重复性。当然，作为职业画师的模仿除外，其可以反复画某一相同的画作。在实践中还有一种现象，一些精神病人在发病期的绘画具有惊人的创造性，但是，一旦病情稳定后，则画作索然无味。这也许就是一些有精神病的名画家久治不愈的心理学原因之一。

通过绘画，可以将求助者的噩梦和创伤情境再现，使其精神问题暴露，即便画出的情景看似十分可怕，但是通过抒发情感、心理表达或投射，也能起到很好的咨询与治疗作用，这就是心理书画艺术研究中发现的以病治病、以毒攻毒的核心技术。

七、心理书画艺术咨询与治疗步骤

通过心理书画活动实现心理平衡，在一个疗程中，一般经历两个基本阶段：心理问题暴露（消除）阶段和心理重建阶段。前者以书画作为桥梁将心理问题暴露在画面上，特别是内心深处的潜意识，达到见即解脱的效果，分为心理问题初步呈现和深层暴露两个基本步骤；后一阶段通过绘画表达心理重建的意境，分为心理重构和整合两个基本步骤。

（一）心理问题暴露（消除）阶段的步骤

1.心理问题的呈现步骤。

在第一、第二幅绘画中，当事人一般将自己的心理问题初步呈现。比如，焦虑者的画作中，常表达呈爆炸或浓重的烟雾状态的意象，重彩浓墨，与抑郁人员画面的单调形成鲜明的对照。浓烟或大雾都具有很快消散的特点，焦虑患者都希望有云开日出那种心旷神怡的感觉或状态。即他们最需要的是通过绘画活动实现情绪的放松，平复心理失衡状态。

这种呈现不但有利于当事人的绘画治疗，也为咨询（治疗）师了解当事人的心理问题提供了依据。

2.关键性心理问题的暴露步骤。

一般情况下，在第一阶段会出现反映心理问题的关键性绘画，使深层的问题暴露出来。比如，做噩梦者的噩梦情境画面、心理创伤者的创伤情境画面等。暴露内心深处的、关键性的心理问题是需要勇气的，因为造成心理问题的事件多是令人痛心疾首或不堪回首的，因此，关键性心理问题暴露，在一个疗程中，一般出现在第二、第三次绘画之中，前面的一幅至两幅绘画只是铺垫。这种深层次问题暴露对咨询与治疗起到关键性作用，能将当事人内心深处的痛苦之最表达或投射到画面上，实现心理咨询与治疗的突破，让噩梦缠身或深陷心理创伤泥潭者走出重围。

（二）心理重建阶段的步骤

1.心理体系的重构步骤。

通过上述两个步骤实现了心理问题暴露和消除的任务之后，不破不立，破字当头，立在其中，立什么呢？就需要心理体系的重构。重构内容一般是与消除的关键性问题相对应的，但心理问题牵一发而动全身，将导致整个心理系统的重新构建。重构的主要方式是愿望表达，重点首先是过去未了愿望的表达，其次是当下愿望的表达，最后是将来愿望的表达。通过绘画的表达，使心目中最美的画卷跃然于纸上，自觉地实现这一目标。在这个过程中，特别是将过去未了的愿望，通过绘画表达出来，能更加有效地促进心理重构。

2.心理结构的整合步骤。

整合的目的是进一步提升前面的绘画咨询与治疗效果，增强心理体系的稳定性。整合是心理系统内部体系结构的整合，通过绘画表达出来。绘画结束前他们往往希望得到心理咨询（治疗）师的点评，团体成员的分享，从而巩固绘画活动效果。在第二阶段，当出现一幅与第一阶段开头时意境大致相同的绘画作品时，则是心理趋于稳定，整合良好，可以结束这一疗程的标志。

一般情况下，绘五幅至六幅画为一个疗程。

第五节　心理书画艺术咨询与治疗效果评估

一、绘画者自评

每次绘画结束后进行访谈，讨论来访者绘画的主题、画此幅画的初衷以及作画后的感受等。通过前后两次访谈内容的比较，有经验的心理咨询师则可以观察到绘画效果的变化。

二、心理咨询师或矫治师评估

内容包括画面分布、内容、线条粗细、色彩种类和浓淡等，这要根据经验进行判断。比如，心理动力小、悲观绝望的人绘画时会将笔墨靠边角，留出大部分空间；偏执的人绘画会显示刻板、重复多次、追求完美的特点；狂躁的人绘画常海阔天空、自命清高。画面内容及其在矫治过程中的变化，是评估心理书画效果的重要内容之一。

三、心理测试

绘画开始和结束时分别对作画者进行标准化心理量表测验评估，如用《90项症状清单》（SCL–90）评估心理健康水平在绘画前后的变化。而由于心理书画本身就有心理评估功能，在非实验情境下，作为一般的临床应用可不进行标准化测验。

四、问卷调查

绘画结束时对绘画者进行满意度测评，分为效果很好、效果比较好、效果一般和效果差四级，做无记名测评。

第六节　心理书画艺术咨询与治疗活动要求

一、心理咨询（治疗）师的书画素质和实操技能

心理书画对心理咨询（治疗）师的要求是，不但要具备一定的心理咨询专业知识，还要具备一定的书画知识和技能，以及丰富的工作经验。

二、求助者的书画爱好和自愿申请

求助者要具备两个基本条件：一是有书画爱好、有绘画能力或愿望；二是个人自愿申请通过书画活动对心理问题进行调节。具体包括两类调节需求：

（一）心理健康人员的书画活动（保健作用）

主要用于心理压力释放和紧张情绪放松，以及心理和文化素质提升等。

（二）有心理问题或心理障碍者的书画咨询与治疗活动

通过书画对心理问题进行评估和咨询（矫治），主要包括心理评估、目标确定以及咨询的方式、次数、时长、效果评估和收费（指社会有关专业机构，监狱心理服务则不收费）等内容。

三、全民性心理书画艺术保健活动

以释放心理压力和放松情绪为目的的全民性心理书画艺术保健活动，主要对象是心理健康的一般人员，书画活动时间、场所、方式方法灵活多样，既可以节假日在单位或部门开展，也可以在某一个小组内进行，个别的则在心理咨询场所内，在心理咨询（治疗）师的指导下进行。通过书画这种无声的语言表达内心的欢乐与忧伤，调节心理平衡。

第七章

分阶段矫治技术

《中华人民共和国社区矫正法实施办法》第四十三条第二款规定："社区矫正机构、司法所应当根据社区矫正对象的矫正阶段、犯罪类型、现实表现等实际情况，对其实施分类教育；应当结合社区矫正对象的个体特征、日常表现等具体情况，进行个别教育。"根据这一规定，这一章专门对社区矫正对象分阶段矫治的理论与技术进行介绍。

第一节　心理矫治过程划分

一、心理发展模式

社区矫正对象的心理转化十分复杂，但是，它同其他事物一样，从总体上也有其内在的规律性。根据多年的实证研究，在正常管理条件下，社区矫正对象心理的发展变化，从总体上呈现带状的、近似"S"形的心理发展模式（见图7–1）。[①]

① 叶扬：《犯罪与改造心理工程研究（上）》，载《犯罪与改造研究》2011年第5期，第27–36页。

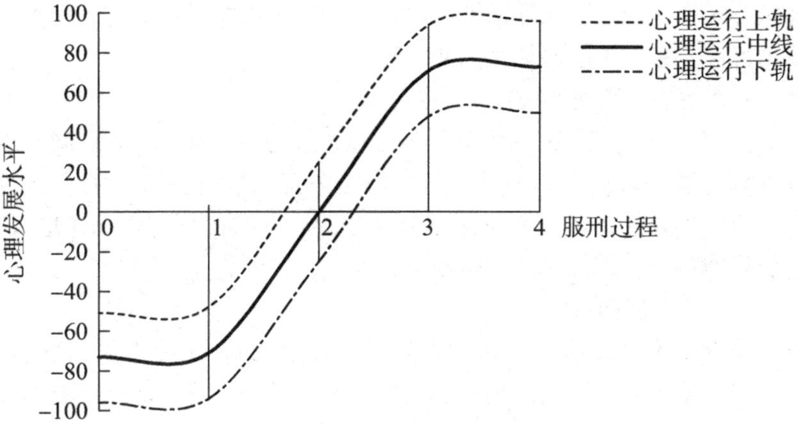

图7–1　心理发展模式

（一）心理发展模式纵轴的解读

社区矫正对象心理发展水平高低用纵轴（向）表示，以–100到100表示，以0点表示心理平衡点。此前是负值，是消除犯罪心理恢复平衡阶段，又称为心理平复阶段；此后为正值，是确立守法心理阶段，又称心理正向发展阶段。

（二）心理发展模式横轴的解读

社区矫正对象心理发展时期用横轴（向）表示，图7–1横坐标表示社区矫正对象服刑时间，具体划分为四个心理发展时期：

1.心理缓慢发展期。

指图7–1中横轴0—1的范围，为刚入矫的1—2个月，个别恶习深重、刑期较长的可能长些，是社区矫正对象心理缓慢发展时期。这时刚入矫，容易产生情绪波动、焦虑和抑郁，心理不适应，此时又称情绪波动期，因此，心理发展缓慢。

2.犯罪心理快速消除期。

指图7–1中横轴1—2的范围，心理发展水平在0点以下，是消除犯罪心理的关键时期，为入矫教育结束至刑期过半的时期。经过前一阶段矫正，他们过了认罪悔罪、学习和劳动等关之后，确立了积极的矫治目标，进入了改恶从善的快车道。

3.守法心理快速形成期。

指图7-1中横轴2—3的范围，心理发展进入0点以上的区间，进入重构守法心理时期，为从上一阶段结束至出矫前1—2个月。经过上一阶段的矫正，犯罪心理恶习基本消除，守法心理正在迅速形成，他们将功赎罪，积极矫正，争取早日新生。

4.心理发展回落期。

指图7-1中横轴3—4范围的时期，为出矫前1—2个月。这时，矫治任务基本完成，面临出矫后人生道路的重新安排或选择，有的精神振奋，有的却萎靡不振，感到前路渺茫，入矫焦虑，出矫亦焦虑，心理发展出现停滞，甚至回落。

二、“S”形心理发展模式

社区矫正对象心理运行过程是十分复杂的，但是，从统计分析，在正态分布状况下社区矫正对象心理运行具有趋中性，大部分社区矫正对象沿图7-1的中线（实线）附近运行，形成心理运行的上轨和下轨（虚线），三条线（上轨、中线和下轨）则形成了一个“S”形的运行带，即S形心理发展模式。由于这一过程具有平复和发展两大特点，又称为社区矫正对象心理平复—发展模式。

第二节　心理发展缓慢期的矫治

一、心理发展缓慢期时间划分

这一时期为刚入矫的1—2个月，主要矫治任务是消除社区矫正对象心理适应不良状况，稳定情绪；认罪悔罪，明确矫治目标，积极矫正；收敛犯罪恶习，遵章守法。

二、主要心理特点

这时社区矫正对象心理发展的基本特点是，总体上呈缓慢发展趋势，究其原因：

（1）入矫初期大部分社区矫正对象情绪未稳，有的甚至出现适应不良等心理问题，影响心理发展。

（2）个别社区矫正对象不认罪、不服从法院判决、无理缠诉，有的起初认罪，入矫后又出现认罪反复，产生明显的对立情绪，无心面对接受法律制裁、积极矫正的现实。

（3）个别社区矫正对象恶习深重，积重难返，恶习难以收敛，无法适应矫正制度要求，时有违规违纪行为。

但是，通过入矫教育，大部分社区矫正对象都能认罪服判，接受矫正。由于这一时期矫治目标和动机正处在逐步形成阶段，矫正心理发展动力有限，因此，心理发展较缓慢，处在社区矫正对象心理发展的起步阶段。

三、主要心理问题

（一）认知误区

部分社区矫正对象因陷入法律认知误区，不服判决，无理缠诉，产生心理问题。比如，社区矫正对象王某，犯合同诈骗罪，判决事实清楚，二审维持原判，入矫第一天就向工作人员反映不服判决，自己没有罪，要申诉，对立情绪大，申诉意愿很强烈，但经复查，申诉理由根本不成立，最终被法院驳回。

（二）挫折情绪

个别社区矫正对象因犯罪被判刑的心理打击，产生强烈的挫折感，情绪对立、悲观绝望。社区矫正对象郑某，原本有个幸福的五口之家，自从吸毒后变得一贫如洗，为筹毒资而抢劫，成为阶下囚，判刑后出现胃痛、喉痛、胸痛等毒品戒断的后续反应，更加痛苦的是由于挫折打击，晚上睡不着，脑海中长期涌现出大量自己无法控制的各种念头，产生大量的强迫思维，为此求助于心理咨询师。

（三）行为适应问题

由于恶习深重，好逸恶劳，入矫初期，对严格的管理要求不适应，产生焦虑和抑郁等心理问题。社区矫正对象李某，36岁，犯有盗窃犯罪，患有先天性唇腭裂（俗称兔唇），且为孤儿（3岁时父母双亡），10多岁时随老乡到广东打工，多年来都是以盗窃为生，这次判刑后担心女友变心，晚上无法入睡，觉得活得很累、很辛苦，扬言不如死了算了。经心理评估，该犯内心比较自卑，有明显焦虑和抑郁情绪，性格比较孤僻，与他人交流较为困难，加上担心女友变心，存在较强的自杀心理倾向，难以适应矫治要求。

四、主要矫治目标

（1）消除社区矫正对象法律认知误区，引导社区矫正对象认罪悔罪，确立积极矫正的心理状态。

（2）教育社区矫正对象接受行为规范训练，培养良好的行为规范，收敛恶习，改恶从善。

（3）在工作人员的教育指导下确立矫治目标，明确各个矫正时期的任务，由社区矫正对象本人制订矫治计划，在希望中矫正，坚定矫正信心。

（4）通过心理健康教育和心理咨询等，帮助心理问题严重的社区矫正对象消除心理适应不良状况，适应矫正要求，保持身体健康和心理健康，严格遵守纪律。

五、基本矫治要求

这一时期社区矫正对象矫治的关键词是适应，消除心理适应不良状态，矫正犯罪恶习。

（一）积极参加入矫教育活动

社区矫正对象科学矫治以悔罪为先。入矫教育期间通过法制教育和认罪悔罪教育活动，首先要产生对犯罪行为的真诚悔悟，走出认知误区，消除对立情绪，积极矫正，加速矫正步伐。

（二）制定矫治目标

社区矫正对象要在工作人员的教育指引下，根据心理评估结果，制订科学的矫治计划，确立矫治目标，树立矫正信心，调动矫正积极性，充分发挥自身的潜能，在满怀信心和希望中矫正，重塑新我。

（三）强化行为规范

社区矫正对象矫正最终要体现在心灵的善化和行为的良化上。要通过严格的行为规范学习训练，教育社区矫正对象掌握规范要求，接受严格管理约束，自觉收敛恶习，习得良好行为规范。这一阶段在分级管理中，对新入矫人员主要实行普管级管理。某市分级管理的基本要求是：

1. 每半月向镇（街道）社区矫正工作办公室电话报告一次。
2. 每月到镇（街道）社区矫正工作办公室当面报到一次，并以书面形式汇报自己思想与行为活动情况。
3. 每月接受镇（街道）社区矫正工作办公室家访和群众考察一次。
4. 每月接受镇（街道）社区矫正工作办公室组织的学习、教育活动或公益劳动。
5. 指定在本区及周边活动，未经批准不得离开活动区域。

（四）增强心理保健意识

社区矫正对象犯罪心理恶习的科学矫治，要从心开始，要消除心理问题和障碍，通过心理健康教育和心理咨询，使社区矫正对象尽快适应矫正生活，保持身体健康和心理健康，消除心理适应不良状态，培养积极心理需要。

（五）善于总结提高

在入矫教育结束时，引导社区矫正对象对这一矫治阶段的教育矫正情况进行总结。

第三节　犯罪心理快速消除期的矫治

一、犯罪心理快速消除时期的划分

为上一个心理时期结束到刑期过半的时期，是社区矫正对象矫正犯罪心理的快速发展阶段，主要矫治目标是消除犯罪心理，是矫治的关键时期。

二、主要心理特点

这时大部分社区矫正对象已经过了认罪悔罪关，真诚忏悔罪行，矫治目标已经牢固确立，积极矫正早日新生的心理需要越来越强烈，产生强烈的重新做人动机，多数社区矫正对象有真诚悔改行动和争取立功受奖的积极表现，普遍希望将功赎罪，用实际行动告别旧我成为主流，原先形成的犯罪心理恶习正在快速消除削弱，出现矫正心理快速发展的良好态势。

三、主要心理问题

（一）新旧心理矛盾斗争

社区矫正对象在消除犯罪心理与确立守法心理过程中，出现的新旧心理矛盾斗争、冲突会引发一些心理问题，如个别好逸恶劳者常遇到的，不服刑于法不容，于心不忍，但要积极矫正，又难过艰苦的矫正关，因此引发心理焦虑不安。

（二）交叉感染犯罪心理恶习现象

社区矫正对象之间在一起时，容易出现交叉感染犯罪心理恶习现象，引发心理问题，如被同性恋社区矫正对象引诱搞同性恋，事后又因无法面对产生焦虑；性罪犯之间交流犯罪伎俩，但又感到见不得人；盗窃犯间交流作案方法，但又怕被发现影响矫正成绩；有的人确有心理障碍，但未能有效根除产生心理痛苦等。

（三）家庭社会因素引起的心理问题

家庭社会因素引起的心理问题，如父母病故、与妻子离婚、儿女失学等。

四、主要矫治目标

这一时期社区矫正对象主要矫治目标是：

（一）消除新旧心理矛盾冲突

不破不立，破字当头，立在其中。关键是解决社区矫正对象“新我”与“旧我”之间的矛盾冲突，消除心理障碍，加快消除犯罪心理步伐。从终生学习观点分析，任何社区矫正对象的矫正都是心理成长进步的过程，但成长总伴随着痛苦，因此就必须痛下决心，排除万难，消除原先形成的犯罪心理恶习，重新做人。矫正也需要勇气，需要迎难而上，克服困难，最终才能到达新生彼岸。

（二）增强自我矫正意识

不断挖掘自身积极心理资源，调动潜能，培养自觉矫正的积极性，提高矫治质量。矫正是由被迫矫正过渡到自觉矫正的过程，要尽快实现社区矫正对象的自觉矫正，必须大力培养、挖掘、调动社区矫正对象自身各种积极心理资源，提高自我矫正的自觉性和能力。积极的心理资源潜力是无限的，需要调动积极的认知、积极的情感，保持积极的矫正心理状态，采取积极的矫正行动，才能收获最好的矫正效果。

（三）思想品德的良化

加强社区矫正对象思想品德教育，培养健康的生活习惯方式，不断完善人格。

五、基本矫治要求

（一）夯实认罪悔罪心理基础

继续引导社区矫正对象悔悟，并防止出现认罪反复，变被动为主动，积极矫正，加快消除犯罪心理恶习的步伐。

（二）强化行为矫治机制

在矫治过程中引进激励机制，不断强化行为激励，不但需要工作人员对社区矫正对象的激励，也需要社区矫正对象的自我激励，对矫正的自我探索，掌握科学矫治知识，分析犯罪原因，及早悔悟。教育社区矫正对象过好艰苦生活和勤劳致富，奖勤罚懒，宽严相济，恩威并施，形成良好的矫正风气，营造一种利于社区矫正对象在希望中矫治的环境。

（三）扫歪风树正气

严明纪律，打击抗改歪风，消除反矫心理，树立矫正正气，抑恶扬善。对在社区矫正期间相互传授犯罪伎俩，教唆犯罪的人员，要严查细打，严惩不贷。大恶惩后教训深，小恶惩后易复发，对社区矫正对象一般的违纪扣分行为，要反复抓，同时也要防止复发。

（四）严格管理要求

这一级一般是普管级处遇，表现好的可进入宽管级，但分级不是一成不变的，社区矫正对象在宽管期间，如某市社区矫正对象，出现一次罚分超过5分或当月累计扣分超过10分的情况，降一级从严管理；社区矫正对象受到警告处分或治安管理处罚，一次罚分超过10分或连续三个月累计扣20分以上（含20分）的，划为严管级，某市分级管理的基本要求是：

1. 每周向镇（街道）社区矫正工作办公室电话报告一次。

2. 每半月到镇（街道）社区矫正工作办公室当面报到一次，并以书面形式汇报自己思想与行为活动情况。

3. 每半月接受镇（街道）社区矫正工作办公室家访和群众考察一次。

4. 每半月参加一次镇（街道）社区矫正工作办公室组织的学习、教育活动或公益劳动。

5.严格限定活动区域。

6.自划定严管级之月起连续三个月不得评为表扬。

7.除非有立功或重大立功表现外，自划定之月起连续三个月不得升级。

（五）提高心理健康水平

增强心理保健意识，在保持身体健康的同时，保持积极向上的心态，有心理问题及时进行心理咨询。

第四节 守法心理快速确立期的矫治

一、时期划分

社区矫正对象守法心理快速形成期是指图7-1中横轴2—3范围的时期，心理发展进入0点以上的区间，进入重构守法心理时期，为上一阶段结束至出矫前1—2个月的时期。

二、主要心理特点

（1）此时，犯罪心理恶习已经基本消除，守法心理正在不断形成并强化，也是重新做人的关键时期。

（2）在需要方面，大部分社区矫正对象实现了由前期的被迫矫正到自觉矫正的心理转变，更加积极参加矫治活动，培养积极、守法、向上的心理状态。

（3）在心理资源的开发利用上，能更加充分地调动自身积极的心理因素，发挥自身心理优势，扬长避短，重建良好的个性品质。

三、主要心理问题

（一）矫治目标方向的迷惘

犯罪心理基本消除之后，未必就一定形成守法心理，在这个由犯罪心理向守法心理转变的十字路口，有的社区矫正对象感到不知所措，心理迷惘。这需要积极参加法制知识学习、辅导，重新形成矫治目标指向，增强矫治动力和定向力。

（二）骄傲自满，不思进取

矫正很难，不仅仅因为江山易改本性难移，而且因为人生最难言的一项苦难，就是由罪人到新人的悔过自新的再社会化过程。新生之路犹如西天取经，猪八戒在高家庄时就想娶媳妇成家，不思前行。有的社区矫正对象经过艰苦的前期矫正取得了一定成绩，认为内心能过得去了，因此放松矫治。所谓矫治质量，就是社区矫正对象由犯罪心理系统为主向以守法心理系统为主转化的程度，以及新形成的守法心理系统的定型程度。新形成的守法心理的定型，依然要靠坚持不懈的积极矫正。

（三）认罪的动摇反复

心理学的研究表明，心理的发展变化并非线性的，而是具有阶段性和周期性等变化起伏的特点。有的人原先认罪服判，积极矫正，但是现在形势可能变化了。比如，对醉驾的查处没有以前那样严厉了，因此，对自己醉驾的处罚出现了认罪反复。

四、主要心理矫治目标

（一）重构守法心理系统

重新建立守法心理系统，做到学法、懂法、守法，这是做守法公民，重构守法心理的关键时期。

（二）习得生存技能

习得再社会化的技能，学会一技之长，能自食其力，从根本上转变腐朽的生活方式。

五、基本矫治要求

（一）学法懂法

积极参加法制教育活动，深刻检查对照自己的犯罪行为，找准自己的法制盲点，分析危害，找出原因，确立牢固的守法观念。

（二）以案说法

开展守法光荣、违法可耻的正反典型现身说法教育。从反面教材中吸取深刻的教训；从正面典型中，汲取榜样的力量，筑牢预防犯罪的防火墙。

（三）遵纪守法

杜绝违规违纪行为，自觉遵守规章制度，培养遵纪守法的行为习惯。

（四）以身护法

敢于与不良行为，特别是违法犯罪行为做斗争，危难或关键时刻，能挺身而出，制止犯罪，维护法律威严，维护社会稳定。

（五）强化管理

在日常管理上，大部分人员可实现宽管二级处遇，某市分级管理的基本要求是：

1. 每个月向镇（街道）社区矫正工作办公室电话报告一次。
2. 每一个半月到镇（街道）社区矫正工作办公室当面报到一次。
3. 每两个月向镇（街道）社区矫正工作办公室书面汇报思想与行为活动情况一次。
4. 每两个月接受镇（街道）社区矫正工作办公室家访和群众考察一次。
5. 定期参加镇（街道）社区矫正工作办公室组织的学习、教育活动或公益劳动。

第五节　心理发展回落期的矫治

一、心理回落期的时间划分

这一时期为出矫前1—2个月，主要矫治目标是巩固矫治成绩，消除社区矫正对象产生的出矫前焦虑，提高其社会环境适应能力。

二、主要心理特点

（一）社区矫正对象矫正的平台期现象

经过上一阶段的心理快速发展后，有的社区矫正对象矫正心理动力下降，心理发展出现停滞现象，进入矫正中后期之后，部分社区矫正对象减刑预期实现后出现矫正松劲，有的预期落空或打折，则更易产生挫折感，出现心理问题，心理发展受阻；部分社区矫正对象心理经历了前一阶段的快速发展后，矫治目标不能及时调整或不能确立新的近期矫治目标，心理动力下降，出现了心理发展停滞或放缓现象。

（二）入矫后期出现心理回落现象

入矫后期，社区矫正对象因临近出矫普遍产生不同程度的情绪波动，出现焦虑情绪，心理波动影响矫治，矫正表现出现回落。

三、主要心理问题及原因

（一）平台期现象的原因

经过前期心理的快速发展后，部分社区矫正对象心理发展放缓，出现前进无动力的情况，好像原地踏步。原因是矫治目标部分或基本实现后，如实现了减刑预期后，有的社区矫正对象矫正动力减弱，出现松劲情绪。部分社区矫正对象心理经历了前一阶段的快速发展，上了一个台阶后，心理发展动力不足，出现了停滞现象，需要打破困局，才能实现新的心理平衡发展。

（二）入矫后期心理回落原因

临出矫时有的社区矫正对象心理出现波动和回落现象，主要原因是：临近出矫又进入情绪波动期，有的产生出矫前焦虑，特别是刑期比较短的社区矫正对象，如果引导不及时得力，个别社区矫正对象出现对认罪的反悔现象，矫正心理发展出现反复，走下坡路，影响心理发展。这一阶段社区矫正对象心理咨询有日益增多的趋势，过去是新入矫对象因环境不适产生焦虑，现在是社区矫正对象出矫亦焦虑。原因比较复杂，主要有担心矫正不彻底重新犯罪，再遭牢狱之灾；家人不接纳，亲朋歧视，就业无门，担心生活无着落；入矫多年，社会大发展，担心适应不了社会发展需要；有的产生心理创伤情结，认为犯罪被判刑身败名裂，社会歧视，无法面对往日好友，悲观无望等。

值得警惕的是极个别人出现认罪的反悔现象。比如，有的社区矫正对象认为工作人员处事不公、减刑不公等，都可以引发社区矫正对象反悔心理，使矫正出现反复。根据调查①，罪犯反悔的主要原因是：

1.犯罪心理和恶习较深，原来的悔悟不彻底。

2.受挫折而反悔。认为减刑不公，对违纪处分不服等都可以引起反悔。

3.不认罪服法，消极矫正，出现反悔。

4.“两短”罪犯易出现反悔。“两短”指原判刑期短和剩余刑期短。短刑犯由于心理矫治不彻底，情绪波动性大，稍有风吹草动就易反悔。

四、主要矫治目标

（一）打破心理发展平台现象

结合社区矫正对象矫治实际，分析心理发展放缓原因，从主观和客观方面，多角度分析心理问题形成原因，寻找对策，消除心理发展停滞现象。

---

① 叶扬著：《中国罪犯改造质量管理学》，中国言实出版社2012年版，第148页。

重新确立和调整矫治目标，明确矫治方向，提振积极矫治信心。矫治目标不是一成不变，要根据不同时期的矫治情况及时进行调整，只要明确目标，重拾矫治信心，就能战胜困难，看到希望，早日实现新生。

必须有效消除认罪反复心理和抗改行为，培养积极矫正行为规范。认罪反复没有前途，对抗矫正只有死路一条，已被无数事实一再证明。

（二）巩固矫治成果

通过心理辅导或心理咨询，消除出矫前焦虑情绪，巩固矫治成果，提高心理健康水平。

（三）开展出矫评估

开展出矫前社区矫正对象矫治质量评估，评估优劣等级，看到矫治成绩，找出存在问题，不断提高矫治质量等。

五、基本矫治要求

（一）打破平台现象，不断提高矫治质量

1.准确评估心理放缓原因，消除心理问题根源。原因之一是个别社区矫正对象实现了减刑目标后，出现松劲现象；个别未能实现减刑等奖励目标社区矫正对象，认为目标实现难度大，或自认为不被工作人员重视等，出现矫正信心动摇，影响矫正；极个别社区矫正对象认罪出现反悔，走下坡路。针对不同情况，开展有针对性矫治。

2.在工作人员指引下重新调整或确立矫治目标。结合心理评估和每名社区矫正对象年龄、文化、犯罪性质、原判刑期和余刑等实际情况，在工作人员或心理咨询师的帮助指引下，重新确立近期和远期矫治目标。立标引路，明确矫治任务和方向，重新树立矫治信心。

3.反复思考，预防认罪反复。社区矫正对象对出现的心理放缓现象，要反复思考，理性思考，诚恳地向工作人员请教，制订出切实可

行的矫治方案，并付诸行动。在矫治过程中要向积极矫治的社区矫正对象看齐，少谈消极面，要看到成绩，看到光明前途，积极矫治，坚持不懈，不断提升心理发展速度，防止走下坡路。

（二）严格管理不放松，促进行为规范的养成

在分级处遇中，大部分人员获得宽管一级处遇，某市分级管理的基本要求是：

1. 每两个月到镇（街道）社区矫正工作办公室当面报到一次。

2. 每季度向镇（街道）社区矫正工作办公室书面汇报思想与行为活动情况一次。

3. 每季度接受镇（街道）社区矫正工作办公室家访和群众考察一次。

4. 可酌情减免镇（街道）社区矫正工作办公室组织的学习、教育活动或公益劳动。

（三）巩固矫治成果，消除出矫焦虑

1. 科学评估出矫前情绪波动程度和原因。面临就业安置等现实问题、入矫担心受到歧视、对前途悲观失望、认罪出现反复等，都可能引起情绪波动。

2. 对症下药消除心理问题。结合出矫教育，积极参加心理辅导和心理咨询，消除出矫焦虑现象，巩固矫治效果。参加技能教育和社会适应性训练等，增强自信心。

3. 组织开展形式多样、实用性强的就业技术培训，学会一技之长，能自食其力，劳动致富。

4. 科学评估社区矫正对象矫治质量。结合出矫教育，开展社区矫正对象自我总结和出矫鉴定。在工作人员指引下开展心理健康、个性提升和恶习改变等心理评估。自我评估矫治质量优劣等级，供社区矫正机关最终评估参考。

第八章

个别化矫治技术

第一节　个别化矫治概述

一、个别化矫治的法律依据

《中华人民共和国社区矫正法》第二十四条规定：“社区矫正机构应当根据裁判内容和社区矫正对象的性别、年龄、心理特点、健康状况、犯罪原因、犯罪类型、犯罪情节、悔罪表现等情况，制定有针对性的矫正方案，实现分类管理、个别化矫正。矫正方案应当根据社区矫正对象的表现等情况相应调整。”

二、个别化矫治概念、原则和目标

（一）个别化矫治概念

简言之，是对个体进行科学矫治的活动总称，主要方式：

1.一般心理问题咨询。适用于普通心理咨询的职业规范，如自愿和保密原则等。

2.犯罪心理恶习矫治。适用于犯罪与改造心理技术规范，是矫治的关键。

3.心理危机干预等。适用于心理危机干预规范，是矫治的难点。

（二）个别化矫治原则

1.基本原则。因人施教、以理服人、对症下药和一把钥匙开一把锁等是基本的矫治原则。

2.一般原则。恩威并施原则和宽严相济原则等，针对具体矫治过程，既是原则，在具体运用过程中，又是策略。

3.普遍性原则。安全原则、实效性原则和系统性原则等，普遍适用，如一切矫治活动都要强调安全。

（三）个别化矫治目标

总目标是依法将其矫治成为守法公民。《中华人民共和国社区矫正法》第三条规定："社区矫正工作坚持监督管理与教育帮扶相结合，专门机关与社会力量相结合，采取分类管理、个别化矫正，有针对性地消除社区矫正对象可能重新犯罪的因素，帮助其成为守法公民。"

目标实现的质量层次划分为：

1.初级目标：以不求有功，但求无过，混满刑期为目标，只要在入矫期间遵守行为规范，没有违反纪律就可以了。

2.中级目标：如果希望得到减刑奖励早日解矫，则要积极矫正，具有悔改或立功表现。

3.高级目标：如果还希望解矫后能对社会有所作为，则不但需要确立正确的人生观和坚定的守法信念，做守法公民，还要成为社会主义建设的有用之材，与时俱进，适应时代发展需要。

第二节　守法心理工程与个别化矫治

一、犯罪与改造（守法）心理大循环系统理论

（一）犯罪与改造心理大循环系统理论概要

1986年8月，笔者在全国第二次物元分析学术研讨会上交流的论文《物元分析与改造工程》[①]中，提出了犯罪与改造（守法）心理大

① 叶扬：《物元分析与改造工程》，载《智囊与物元分析》1987年第1期，第45页。

循环系统的理论，以此为基础，建立守法心理工程。随后，在由笔者撰写的《犯罪与改造工程》一书中，对这一理论进行了系统论述，并应用于预防犯罪和改造罪犯的工作实践中。2011年，笔者在《犯罪与改造心理工程研究》一文中对这一理论作了进一步的修改完善。[①]目前，这一理论已被学界公认为自改革开放以来，我国法制心理学的重大创新成果之一，并得到广泛应用。其基本观点是：

犯罪心理形成和犯罪行为的发生是千百年来世界各国都共同关心的重大课题。尽管原因错综复杂，但并非没有规律可循。根据对立统一规律，守法心理和犯罪心理在一定条件下可以相互转化；根据唯物辩证法否定之否定原理，一个具有守法心理、遵纪守法的人，在一定条件下心理发生了质的变化，形成犯罪心理，并在一定机遇下实施了犯罪行为，心理经历了由守法心理到犯罪心理的否定过程。此人被依法判决，服刑后经过脱胎换骨的改造，矫正了犯罪心理恶习，再次成为守法公民，重新确立了守法心理，心理又一次被否定。由此形成了犯罪与改造（守法）心理大循环系统（见图8-1）。对这一系统进行有效控制，科学地预防犯罪和改造罪犯，是一项心理工程，简称“守法心理工程”。[②]

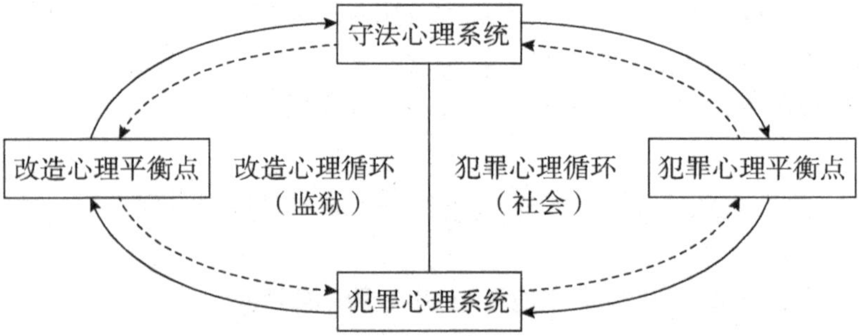

图8-1　犯罪与改造（守法）心理大循环系统

---

① 叶扬：《犯罪与改造心理工程研究》，载《犯罪与改造研究》2011年第5-6期连载。

② 叶扬著：《犯罪与改造工程》，中山大学出版社1992年版，第1页。

（二）建立心理与守法心理大循环系统理论的基本依据

1. 理论依据。

（1）根据辩证唯物主义的对立统一观点，犯罪心理与守法心理是对立的，又是统一的，双方在一定条件下可以相互转化。

（2）根据唯物辩证法否定之否定原理，从守法公民转变为犯罪者是其守法心理被否定，罪犯改造成为守法公民则是其犯罪心理被否定，经过两次否定形成了心理大循环系统。循环过程中的否定是唯物辩证法的否定，不是简单的循环往复。

2. 实践依据。

新中国将成千上万名犯罪者中的绝大多数改造成守法公民的事实，说明犯罪心理是可以被否定的，并代之以守法心理。实践证明，绝大多数罪犯经过改造成了守法公民。

3. 传统文化依据。

在中国传统文化中，如《周易》中关于变易的观点，即天下万物是常变的，阴长阳消，阴消阳长，阴阳共存，相互变化，对建立心理大循环系统具有重要参考意义。犯罪心理与守法心理相互依存，此消彼长。

《老子》指出："万物负阴而抱阳，冲气以为和。""万物负阴而抱阳"是说阴阳是统一于事物内的两个方面，它们之间的和谐是有条件的、暂时的、过渡的，是相对的；不和谐是绝对的。不和谐的程度，可以表明事物恶化的程度。"冲气"就是对万物重要的调控作用。"和"是阴阳消长平衡的结果。"冲气为和"，就是客观规律作用于事物内部矛盾的两个方面，"高者抑之，下者举之，有余者损之，不足者补之"，通过变化使之在新的层次上达到新的和谐，事物都是在这种动态的调节中维系着自身的平衡。

《荀子·天论》说："万物各得其和以生。"

《论语》说："礼之用，和为贵。先王之道，斯为美，小大由之。"也就是说圣明君王治国，无论大事小事都遵循着达到和谐这样的标准去做。

《中庸》云："名曰中庸者，以其记中和之为用也。"可见儒道两家都崇尚事物的和谐，殊途同归。

这些传统文化中都包含了对立统一、平衡、和谐的思想，是研究心理大循环理论重要的历史文化资源。

心理大循环系统是心理发展变化的必然规律，循环过程中心理的否定是唯物辩证法的否定，是心理不断发展的过程，不是简单的循环往复。

二、心理与守法心理大循环系统的基本观点

（一）基本理论层次

大循环系统由犯罪心理系统和守法心理系统两个基本维度组成，消除犯罪心理，确立守法心理，是罪犯矫治的基本任务要求。

（二）基本规律层次

犯罪与改造（守法）心理循环系统的变化过程是有规律的，变化过程具有阶段性，内容结构具有双重性、稳定性和可变性等。这些规律的研究都建立在量化分析和实证研究基础上，可以通过调查再现。

（三）基本原理和技术层次

大循环系统的调控原理包括心理通道理论、人格矫正理论、心理平衡理论、心理适应理论、心理发展时期划分理论和悔悟理论等，这些理论创新成果，是科学矫正的武器，极大地丰富了我国本土心理学体系。

（四）基本操作层次

基本操作层次共分为八大基本步骤，其中预防犯罪分为道德行为规范、确立守法心理、预防犯罪心理和抵御犯罪恶习四个基本步骤；犯罪心理矫正分为矫正犯罪恶习、消除犯罪心理、重构守法心理和重

新规范行为四个基本步骤。通过建立科学的步骤，使预防犯罪和改造、矫正成为一项指标具体和步骤分明的系统工程。

这一理论与技术，无论是对监狱服刑人员，抑或社区矫正对象的心理矫治，都具有重要的参考意义。

第三节　犯罪心理个别化矫治步骤

一、犯罪心理矫治任务模式

根据犯罪与改造（守法）心理大循环系统，心理矫治任务是：破除原先形成的支配犯罪行为的犯罪心理系统，确立与守法公民目标相一致的守法心理系统，基本模式见图8-2。

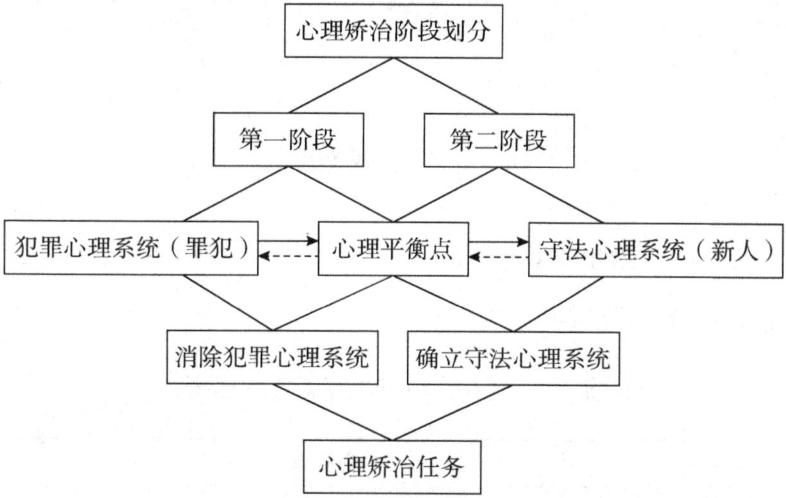

图8-2　心理矫治任务划分模式

二、犯罪心理矫治步骤划分

从犯罪心理转化到守法心理的过程，根据阶段和内容不同，划分为四个步骤：

1.矫正犯罪恶习。

2.消除犯罪心理。

3.重构守法心理。

4.重新规范行为。

图8–3中实线部分是每一步骤的作用范围，虚线是前后步骤间的交叉。步骤划分只是相对的，心理矫治过程具有连续性，不能绝对分开。

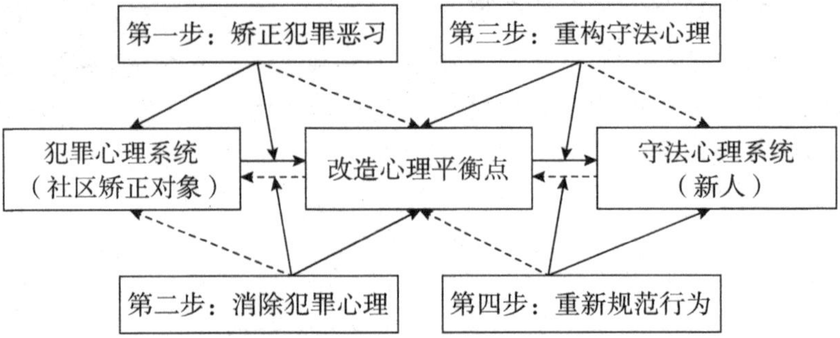

图8–3　心理矫治步骤

三、各矫治步骤基本要求

各矫治步骤基本要求概述于表8–1。

表8–1　《守法心理工程》基本要求

<table>
<tr><th>项目</th><th colspan="4">内容要求</th></tr>
<tr><td>总目标</td><td colspan="4">成为守法公民</td></tr>
<tr><td>全过程</td><td colspan="4">由犯罪心理转化为守法心理过程</td></tr>
<tr><td>阶段划分</td><td colspan="2">消除犯罪心理阶段（第一矫治阶段）</td><td colspan="2">确立守法心理阶段（第一矫治阶段）</td></tr>
<tr><td>矫治任务</td><td colspan="2">消除犯罪心理系统</td><td colspan="2">确立守法心理系统</td></tr>
<tr><td>矫治步骤</td><td>矫正犯罪恶习</td><td>消除犯罪心理</td><td>重构守法心理</td><td>重新规范行为</td></tr>
</table>

续表

项目	内容要求			
矫治要求	以心理矫治手段为主，整合管理教育等多种手段，结合入矫教育，严格管理，开展行为规范训练，奖勤罚懒，强化积极行为，收敛犯罪恶习	运用消极心理平衡疗法、劳动疗法和法制文化疗法等，在严格管理下，引导社区矫正对象认罪悔悟，消除犯罪心理	运用积极的心理平衡疗法，调动内在的积极心理资源和潜能，在一般或宽管条件下，重新建立守法心理系统	结合矫治质量评估和出矫教育，开展社会行为规范训练，学习劳动技能，巩固矫治成果，增强社会适应能力

第四节 犯罪恶习个别化矫正技术

一、犯罪恶习概念

犯罪恶习是指社区矫正对象长期以来形成的与犯罪活动有关的不良行为习惯，通常被认为是不道德的、罪恶的、犯罪的、粗鲁的、禁忌的、堕落的，包括赌博、吸毒、色情和非法销售酒精饮料等活动。

犯罪恶习是在行为上表现出来的，具有直接的危害性和破坏性，入矫时就要收敛，防止继续为恶。

社区矫正对象入矫前形成的犯罪恶习主要有：好逸恶劳，贪图享乐；损人利己，贪小便宜，偷鸡摸狗；荒淫无耻，玩世不恭；目无法纪，行为放荡不羁。

入矫期间犯罪恶习的表现则主要有：不认罪服判，不服管教；纪律松懈，常违仅纪律；拉帮结伙，打架斗殴等。

二、犯罪恶习分类

根据恶习的性质和处罚方式不同，可以将犯罪恶习分为三大类：

（一）违规行为

指违反日常考核规定被扣分处罚的行为，这类行为的危害性相对较小，但反复性大。违规不是犯罪，但是，这种行为指向离犯罪并不遥远。

（二）违纪行为

指违反纪律，受到警告等行政处罚行为，情节比违规严重。这种恶习离犯罪或许只有一步之遥。

（三）重新（再）犯罪行为

指违反刑事法律规定被依法起诉加刑的行为，视情节严重程度分为一般案件、重大案件和特大案件，危害最大，处罚最严厉，但处罚之后反复性小，大恶惩后少复发。

这三类恶习的发生特点是：违规行为发生人数相对较多，违纪次之，重新（再）犯罪较少。

它们的变化规律是：大恶（犯罪）惩后少复发，小恶（违规）惩后易反复。

恶习不收敛的结果往往是重蹈覆辙。比如，假释人员陈某（原犯故意伤害罪，判处有期徒刑10年），假释期间拒不参加社区人员集中学习、辱骂社区矫正工作人员、未经批准擅自越界外出、扬言杀人，并最终以盗窃罪被拘留5天，据此，被法院依法裁定撤销假释收监执行。

三、犯罪恶习变化规律

（一）威慑力

受到处罚的恶习（违规、违纪和犯罪）性质越严重，这类恶习在矫正中下降的速度就越快，入矫期间再犯罪行为下降速度最快，扣分等违规行为下降最慢。这表明，重罚威慑大，大恶惩后少复发（见图8-4）。根据这一规律，对恶习必须严惩不贷。

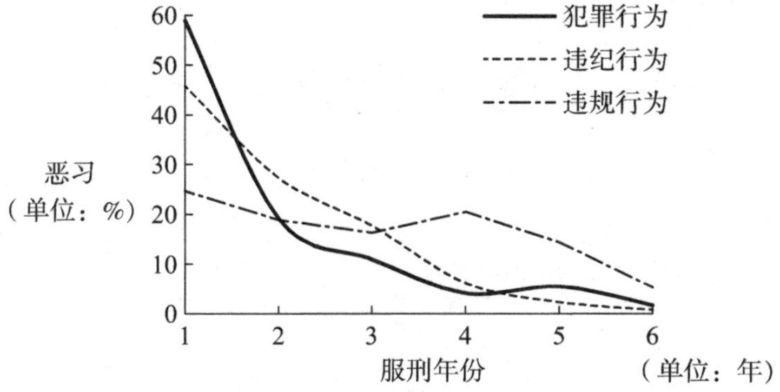

图8–4　恶习运行模式比较

（二）反复性

受处罚性质越轻的恶习反复性就越大，轻罚作用小，小恶惩后易反复。比如，入矫期间再犯罪行为出现反复的并不多见，但一个月内因违规被多次扣分的现象并不鲜见。根据这一规律，对一般恶习行为，要反复抓，抓反复，不能掉以轻心。也就是说，不能因为善小而不为，也不能因为恶小而为之的道理。[①]

四、犯罪恶习矫正技术

（一）行为恶习矫正的ABCD技术模型

冰冻三尺，非一日之寒。行为恶习的形成是有其漫长的形成过程和错综复杂的因果制约关系的。行为恶习是可以看到的结果，与此相关的外部影响、认知因素和情感因素，则是前因。根据心理通道理论与技术（简称ABCD技术），其心理工程的技术模型如图8–5。

① 叶扬：《罪犯犯罪恶习行为运行模式的比较研究》，载《四川监狱》2003年第3期，第30–32页。

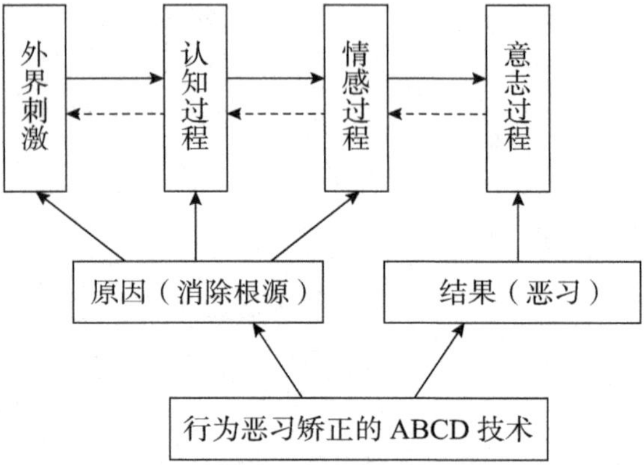

图8–5　行为恶习矫正的ABCD技术模型

大部分青少年走上吸毒、贩毒犯罪的心理通道走向是：

（1）外因（A）：社会上存在毒品走私现象和别有用心之人的引诱。

（2）认知（B）：缺乏对毒品危害的辨识力，在别人花言巧语的引诱下，出于好奇心，误上毒船。

（3）情感（C）：吸食毒品之初使人产生一种飘飘欲仙的感觉，极度舒服。但是随着吸毒的次数增多，这种舒服的感觉逐渐下降，直到不是为了舒服去吸毒，而是为了不让自己身体难受而去吸。

（4）意志（D）：随着吸毒时间的增加，形成毒品依赖，不吸毒品就会头痛胸闷、流泪流涕，痛不欲生，最后，倾尽家财，债台高筑。为筹措吸毒费用，80%以上的吸毒者会加入盗窃和抢劫罪犯行列，有的以贩养吸，贩毒吸毒，害人害己。

大部分青少年走上赌博成瘾道路的心理通道走向是：

（1）外因（A）：社会上存在供青少年赌博的场所，或自己有赌博的工具，甚至其家人中就有赌博成瘾者。

（2）认知（B）：认为大家都赌，自己小赌一下又有何妨，甚至赌博还能赢点钱财，缓解一下心理压力。

（3）情感（C）：不费吹灰之力就能赢到钱财，对人产生了强大的兴奋刺激。

（4）意志（D）：由于一时的获利改变不了赌博的基本规律，十赌九输，最后走上盗窃和抢劫犯罪的道路。

网络成瘾的心理通道也如出一辙。

（二）行为恶习的外部影响因素及其消除（简称A步骤）

1.社会环境影响的机制。

心理是客观现实的反映，环境对人的心理活动产生的重要影响是不言而喻的。专门研究环境对人心理影响的行为主义理论，又称刺激—反应（S—R）理论，是当今学习理论的主要流派之一。行为主义学习理论认为，人类的思维是与外界环境相互作用的结果，即“刺激—反应”，刺激和反应之间的联结叫作强化，通过环境的改变和对行为的强化，任何行为都能被创造、设计、塑造和改变。美国行为主义心理学家华生的经典言论是：给我一打健全的儿童，一个由我支配的环境，我可以保证，无论这些儿童的祖先如何，我都可以把他们培养成为任何一种人，或者是政治家、军人、律师，抑或乞丐、盗贼。

社会心理学认为，社会环境通过情绪感染和认知暗示等方式对人的心理产生影响。消极负面的社会现象，直接影响青少年的健康成长。只有在建设高度物质文明的同时，坚持物质文明和精神文明两手抓，两手都要硬的基本要求，才能更加有效地促进社会经济平衡发展。

学校是人才成长的摇篮，而一些学校片面追求升学率，忽视道德培养。

家庭被称为人生的港湾，家长是青少年的第一任老师，家长的溺爱放纵，特别是独生子女家庭，一家人围着小孩转，儿女成了家里的小皇帝，衣来伸手、饭来张口，从不参与家务劳动，结果有的家庭将小孩培养成天天张口要钱的“债主”。在家里，儿女没有与家长共同的家务劳动是很难培养出真实情感的。

2.消除外部诱因的影响技术。

（1）预防。自觉抵制社会不良风气和亚文化影响，大力弘扬中华传统文化，固本强基，融入主流文化，增强文化自信。创造良好的学习、生活和工作环境。

（2）阻断。远离黄赌毒场所和不良行为群体。

（3）反思、觉察和醒悟。像曾子一样“三省吾身”。反思过往言行，回顾人生成败得失，领悟心理问题根源和实质，平衡心理，点燃希望。

（4）技术方法。比如，使用心理书画艺术咨询与治疗技术，在心理咨询师的帮助下，绘画5—6次为一疗程，通过绘画将心目中最美的景象表达于纸上，重构美好心境。

（三）行为恶习的认知影响因素及其消除（简称B步骤）

1.有行为恶习人员的主要认知问题。

一般来说，真假善恶是有严格的是非标准的，但是，有些恶习不改的人，特别是有些青少年，是非不分，为“朋友”两肋插刀。

行为受到观念影响，从犯罪学视角，我国自20世纪80年代以来，到2000年以前，在刑事犯罪中以犯盗窃罪的占比较大。根据观察，盗窃犯的主要人生信念是：人为财死，鸟为食亡。他们大多是好逸恶劳之徒，文化和法律知识欠缺，因生活无着落，为生存而鼠窃狗偷。

2000年以后，在刑事犯罪中则以暴力犯罪占比较大。暴力犯罪嫌疑人的人生信念大多是：谁的拳头大，谁就有理。由于社会的不断发展，我国的温饱问题已经解决，他们多是为了下馆子、进歌舞厅、住高级宾馆等而犯罪。甚至，有为了结婚讲排场而入室盗窃他人财物的情况。

行为恶习一旦形成，对社会具有极大的危害性，如果得不到及时矫正，大部分会积习成常，害人害己，为害终生。

2.有行为恶习人员认知问题的消除方法。

（1）理性的省思。进行积极的认知探索，培养积极的思维习惯；清算行为恶习的危害，痛定思痛；剖析行为恶习出现的根源，正本清源，重归正道。

行为恶习的极端方式是犯罪，犯罪的最本质特征是社会危害性，有两种危害形式：

一是直接的危害。即犯罪给受害者造成的可以用数字衡量的损失，如林某某两兄弟多年不和，经常争吵打架，一次争吵激烈时弟弟一气之下从粪坑中取出了一勺大粪泼向大哥，其兄咽不下这口气，一把火把弟弟的房屋烧了，造成几千元的经济损失，林某某因此而被依法判刑。

二是间接的危害。这种危害当下看不到，如有个少年持刀打架，把另一个少年的手臂砍断了，使他无法正常生活学习。这给受害人造成的损失除去直接带来的痛苦外，也影响到了他们后续的生活，其损害的严重程度无法用金钱和数字加以衡量。

（2）社会学习理论的解读。人生是终生向社会学习和成长的过程，社会化过程不及格者，只有重新学习，终生学习，才能不断提高社会化水平，做合格公民。

（3）文化艺术活动矫治。比如，心理书画活动，是认知探索和认知重构的重要技术之一。

（四）行为恶习的情感影响因素及其消除（简称C步骤）

1.有行为恶习人员的主要情感问题。

（1）他们大多数人只有低层次的情感，高层次的情感缺乏。多满足于吃喝玩乐、谈情说爱，缺乏远大的理想追求。

（2）情感稳定性差，容易激惹。表现在行为上就是动不动爱发脾气，遇事易走极端。

（3）多有创伤情结，攻击性强。他们多有创伤性的攻击、报复行为。

2.有行为恶习人员情感问题的消除方法。

（1）消除诱发情感问题的认知因素。要善于克制自己，预防冲动和野蛮，遇事要三思而后行。

（2）情绪情感问题的压抑和释放。情绪影响行为，要进行科学的疏导或宣泄。可以自我调节，如运动和唱歌等，也可以在心理咨询师帮助下进行专业的心理宣泄，如打假人，消除对社会的消极对立情绪，恢复心理平衡，从而加速行为恶习矫正。

（3）把自己内心深处不良的情绪向自己信赖的人倾诉，起到宣泄作用。人的情绪，如果积压到一定程度就会由量变到质变，造成行为上的不良后果。因此，当遇到挫折时，可以找自己信赖的人倾吐，以放下思想包袱，预防行为恶习发生。

（4）文化艺术活动矫治。心理书画活动同样是情感表达的重要方法之一，色彩是内心的独白，能表达人的喜怒哀乐，特别是对心理创伤有很好的疗效，可在心理咨询师帮助下进行，达到心理平衡效果，实现情感重建。

（五）行为恶习的对症下药（简称D步骤）

1. 自我约束。

不断增强心理免疫能力和自我约束力，自觉抵制不良社会风气和恶习现象影响。法制和规范的约束范围有限，内在的自我约束是人生的必修课，务必时刻严格约束自己的言行。

自我约束力是指自制力、自控力、自律力。自我约束，立德修身，是古代先贤所推崇的高尚品质。主要是教育人们自觉进行自我修养、自我约束、自我监督、自我教育、自我完善，达到至善、至仁、至诚、至道、至德、至贤的境界。

中国人有“君子慎独”的文化传统。“君子慎独”语出《礼记·中庸》：“天命之谓性，率性之谓道，修道之谓教。道也者，不可须臾离也；可离，非道也。是故君子戒慎乎其所不睹，恐惧乎其所不闻。莫见乎隐，莫显乎微，故君子慎其独也。”

它的意思是说：“上天赋予的最根本的支配万物运行的原理叫作规律，遵从规律而行叫作正确的原则，修习正确的原则便是教育。凡是正确的原则，都是片刻不可以背离的；如果可有丝毫背离而无咎，那就不是真正正确的原则。所以明道之人于不闻、不睹之地，仍时刻保持戒慎恐惧的状态，不让最隐微处的违背正确原则的行为显现坐实，所以修行到此境界的君子就会非常慎重于他自己的每一个心念言动。”

下面是一些行为的自我调节方法：

（1）行为写实法。

在一定的期限内，把自己的不良行为如实地记载下来，并通过一段时期的观察、分析，进一步考察自身的行为轨迹，以调整和改善自己的行为方式。比如，可以采用写日记的方法，把自己的行为如实地记录下来，然后通过自我反省、自我检查、自我批评来提高对自己行为的自控能力，达到矫正恶习的目的。

（2）意志磨炼法。

人的行为直接受到意志控制。个别人往往不能控制自己，这说明此人的意志控制力差。因此，磨炼坚强的意志是提高对不良行为控制力的有效途径。必须加强思想学习，积极工作和劳动，吃苦耐劳，树立正确的人生观，提高明辨是非的能力，从而达到增强意志控制能力的目的，有效地控制自己的行为，矫正恶习。

（3）自我激励法。

自我激励就是自己激励自己，勉励鼓舞自己，坚信自己可以从恶习的泥坑中重新站立起来，通过积极的学习、生产劳动以及各种有益的文体活动等，调节自己的情绪和欲望，向守法心理看齐，逐步形成良好的行为习惯，改掉恶习。

2. 自觉接受管教规制的严格约束。

入矫后，每一名社区矫正对象都必须自觉接受管理，严格遵守规制，发挥制度的约束力，收敛恶习。具体要求是：

（1）社区矫正对象每月必须按规定到当地司法所报到，定期向司法所报告遵纪守法、接受监督管理，参加教育学习、社区服务和社会活动的情况。发生居所变化、工作变动、家庭重大变故以及接触对其矫正产生不利影响人员的情况，社区矫正对象应当及时报告。

（2）保外就医的社区矫正对象还应当每个月定期向司法所报告本人身体情况，定期向司法所提交病情复查情况。

（3）社区矫正对象准许在本市范围内活动，未经批准不得离开所居住的市、县。

（4）社区矫正对象因就医、家庭重大变故等，确需离开所居住的市、县（旗），应当报经司法行政机关批准。

（5）社区矫正对象未经批准不得变更居住的县（市、区）。

（6）社区矫正对象应当按要求参加公共道德、法律常识、时事政策等教育学习活动，增强法制观念、道德素质和悔罪自新意识。

（7）有劳动能力的社区矫正对象应当按要求参加社区服务，修复社会关系，培养社会责任感、集体观念和纪律意识。

（8）根据社区矫正对象的心理状态、行为特点等具体情况，应当安排有针对性的措施进行个别教育和心理辅导，矫治其违法犯罪心理，提高其适应社会能力。

社区矫正对象在社区入矫期间违反有关法律和规定，但尚未构成重新犯罪的，将视情节严重程度给予警告、治安管理处罚、撤销假释、撤销缓刑、收监执行等处罚。社区矫正对象在社区入矫期间再犯新罪或者被发现有漏罪的，应依法追究刑事责任。

通过参加监管机关安排的各项专门教育学习活动，增长知识，认清犯罪行为的严重社会危害性，转变消极无为的认知观念，重拾自信心。

监管机关的工作人员将始终如一地运用行为激励机制，奖励积极人员，打击对立行为，奖勤罚懒，树典型，抓后进，积极发挥社区矫正的行为导向作用。

3.社会行为规范约束。

社区矫正对象仍生活在社会大环境中，没有与社会隔离，有利于再社会化，但与监狱的特定环境比较，则监管的直接约束力减弱，日常行为还要依靠社会行为规范来约束。

要加强社会行为规范学习，遇事三思而行，乐善好施，助人为乐，自觉抵制和消除犯罪恶习。

4.心理咨询师的帮助。

（1）在心理咨询师的帮助下，评估行为恶习严重程度，找出问题症结，提出解决问题的步骤和方法。

（2）开展专项法制文化辅导活动，学习中国传统的法制文化，以文化人，消除法律盲区，矫正行为恶习。

（3）在心理帮助中，行为矫正最常用的方法是强化。心理学家斯金纳提出的强化理论分为两种类型：正强化和负强化。斯金纳认为：人或动物为了达到某种目的，会采取一定的行为作用于环境，当这种行为的后果对他有利时，这种行为就会在以后重复出现；不利时，这种行为就减弱或消失。人们可以用这种正强化或负强化的办法来影响行为的后果，从而修正其行为。

负强化也称阴性强化，就是对于符合矫治目标的行为，撤销或减弱原来存在的消极刺激或者条件，以使这些行为发生的频率提高。为了培养守法行为习惯，就要对不良的行为习惯或行为恶习进行批评和抵制。比如，对青少年的行为恶习给予警告等处罚，进行负强化，能使恶习消除，守法行为习惯就得以确立。

行为强化要在心理咨询师的帮助下进行，分为找准目标、采取行为负强化措施和观察效果三个步骤。

总的来说，心理通道理论与技术是心理工程的重要技术之一，是消除犯罪恶习的重要技术方法。

第五节　犯罪心理个别化矫治技术

一、犯罪心理概念

犯罪心理是指在实施犯罪行为之前就形成的，对实施犯罪行为起决定作用的各种心理因素有机组成的体系，内容包括[①]：

（一）不良的心理倾向

心理倾向是跟非心理倾向相对的，包括人的需要、动机、价值观和理想等。

社区矫正对象不良的心理倾向主要表现在主观唯心主义的世界观和极端利己主义的人生观、价值观以及犯罪的需要等方面。

---

① 刘灿璞、何为民编著：《罪犯改造心理学》，群众出版社1987年版，第142页。

（二）消极的心理过程

心理过程是指心理活动发生、发展的过程，也就是人脑对现实的反映过程。心理过程是心理活动的重要方面。心理过程包括认识过程、情感过程和意志过程，这三个过程既互相区别又互相联系。

社区矫正对象消极的心理过程主要表现在认知偏差或误区、不健康的情感和具有两极性的意志品质等方面，遇事缺乏冷静思考，易走极端。

（三）变异偏执的个性

心理特征是指心理活动进行时经常表现出的稳定特点。如有的人观察事物敏锐、精确，有的人观察事物粗枝大叶；有的人思维灵活，有的人思考问题深入；有的人情绪稳定、内向，有的人情绪易波动、外向；有的人办事果断，有的人优柔寡断；等等。这些差异体现为个体在能力、气质和性格上的不同。

社区矫正对象变异偏执的个性主要包括特殊的观察模仿能力、不良的兴趣和异常的气质性格等方面。

俗话说：江山易改，本性难移。一般情况下，变异偏执的个性矫治难度是很大的，从小培养良好的品行十分重要。

（四）与犯罪相适应的心理状态

心理状态是指人在某一时刻的心理活动水平。例如，一个人在一定时间里是积极向上还是悲观失望，是紧张激动还是轻松冷静等。心理状态犹如心理活动的背景，心理状态的不同，可能使心理活动表现出很大的差异性，心理状态是联系心理过程和心理特征的过渡阶段。

犯罪心理中的心理状态，是指与犯罪活动相适应的心理状态的总称。

犯罪心理系统概述如图8–6。

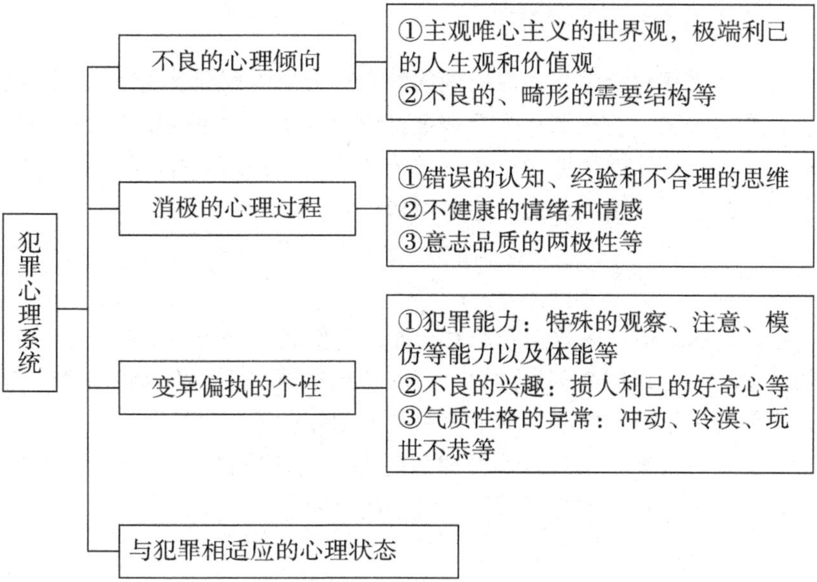

图8–6　犯罪心理系统

二、犯罪心理变化特点和规律

入矫期间的一个重要任务就是消除原先形成的犯罪心理。尽管社区服刑与在监狱内服刑环境条件不同，但是，其矫正中心理的转化规律是相同的。根据对某监狱发生的49起狱内犯罪行为与服刑时间关系的分析，犯罪行为发生在服刑第一年的占63.20%，第二年的占28.57%，第三年的占8.17%，第四年的发生概率则近乎为零。这表明，消除社区矫正对象犯罪心理的任务主要是在入矫初期。

犯罪心理消除特点是，犯罪心理消除后与一般违规违纪心理相比反复少，一再犯罪的社区矫正对象并不多见，即消除效果相对稳定，不易反复。

三、消除犯罪心理技术

社区矫正对象消除犯罪心理的外在动力是国家刑事法制的不断完备，严刑峻法，对犯罪行为严查细打对社区矫正对象的震慑力；全天候、全方位监管的约束力；家庭成员和社会热心人士规劝作用等。内在动力是社区矫正对象自身的悔悟和反省。

（一）悔悟技术[①]

1. 悔悟是指社区矫正对象对犯罪行为悔过并醒悟的过程，是矫治的关键环节。根据心理学理论，社区矫正对象一旦对犯罪行为产生意识层面的悔悟，犯罪心理的危害性就会消除。

2. 悔悟时期。据调查，被逮捕时悔悟的比例最大，审判时次之，入矫后逐步下降，临出矫时仍有悔悟的个案。

3. 悔悟特点和规律。

（1）悔悟的自愿性，悔悟是发自内心的，外因只能起到促进作用。

（2）悔悟的突发性，悔悟往往发生在某一瞬间，有时工作人员一句关心鼓励的话就能让社区矫正对象茅塞顿开，如梦初醒。

（3）悔悟的反复性，悔悟后到出矫前，仍有极少数人有反悔现象。

4. 悔悟标准。在心理上，悔悟发自社区矫正对象内心，悔意表露是自愿而不是强迫的；在程度上，悔悟是彻底的；在行动上，表现是积极的，认罪悔罪，积极矫治。

5. 悔悟的影响因素。

（1）内因。

a. 通过学习懂得法律知识或增强法制观念，切身领悟到违法必究后产生悔悟。

b. 确立了正确的人生观、价值观后悔悟。

c. 因经受依法打击、社区矫正，感受到打击的严厉和痛苦而产生

---

① 叶扬：《罪犯悔悟研究》，载《中国监狱学刊》2003年第6期，第69–71页。

悔悟。

d.因犯罪后毁了前程而悔悟。

e.通过学习提高明辨是非能力后悔悟等。

（2）外因。

a.工作人员的教育。

b.社区矫正对象亲属和朋友的帮扶。

c.同犯之间的帮助。

d.看书学习等。

6.引导悔悟的基本要求。

通过心理辅导或心理咨询，消除认知误区，清算犯罪的危害性，挖掘犯罪根源，分析犯罪原因与犯罪结果之间的关系，产生悔悟。

（二）心理创伤和挫折情结的消除技术

在心理学上有个“挫折—侵犯”理论可以解释心理创伤人员的犯罪行为。侵犯是挫折的一种后果，侵犯行为发生是以挫折存在为条件的。如果这种心理得不到有效矫正，即使出矫，犯罪还会发生。

1.挫折的认知化解。挫折包含三个方面的含义，一是挫折情境；二是挫折认知；三是挫折反应。挫折情境不堪回首，挫折反应是消除目标，挫折认知才是切入点，是平衡心理、点燃希望的所在。

（1）正确认识挫折。应对挫折，战胜挫折，首先要正确认识挫折，树立正确的挫折观。在现实生活中，挫折无处不在。有的人总认为生活中的挫折、困境、失败都是消极的、可怕的，受挫折后往往悲观抑郁，甚至丧失了生活勇气。事实上，经受一些挫折并不完全是坏事，它可以成为自强不息、奋起拼搏、争取成功的动力和精神催化剂。生活中许多优秀人物就是在挫折磨炼中成熟，在困境中崛起。相反，一个人如果不经历困难和挫折，总是一帆风顺，就会如同温室里的花朵，经不住风霜雨雪的考验，很容易被一时的挫折所压垮。因此可以说，挫折也是一种挑战和机遇，只要能保持积极乐观的人生态度，坦然面对挫折，树立战胜挫折的勇气和信心，就一定能适应任何变化中的环境，战胜挫折。

（2）改变不合理的信念。不合理信念的观点源于美国心理学家艾利斯的ABC理论。他认为，挫折引起人的挫折感，不在于事情本身，而在于对挫折的不合理认识。根据艾利斯的观点，人既是理性的，又是非理性的。人的大部分情绪困扰和心理问题都是来自不合逻辑或不合理性的思考，即不合理的信念。这种不合理信念会导致挫折感的产生。不合理信念一般具有以下三个特点：

第一，绝对化要求。这是最常见的一种不合理信念。指人们以自己的意愿为出发点，对某一事物怀有其必定会发生或必定不会发生这样的信念，它常与“必须”“应该”这样的词连在一起，如“我的家人就应该在春节前来看我”“他必须那样做才对”等。

第二，过分概括化。它是一种以偏概全的不合理信念。过分概括化的人在看问题时容易走极端，往往导致对自身或他人的不合理评价。如一遇挫折、失败便认为自己“无能”“没用”“不可救药”；或别人稍有过失就认为这个人一无可取，全面否定。持有这种信念的人要么会导致盲目自责自罪、自暴自弃，要么会一味责备他人或外界环境，产生敌意、愤怒等不良情绪。

第三，糟糕透顶。这种不合理信念认为某事一旦发生，必定会产生糟糕的后果。个体一旦具有这种信念，就会产生焦虑、悲观、抑郁等不良情绪体验，如“我这次顶撞了工作人员，以后不管我做得怎样，他都不会给我好果子吃”“我吃了官司，这辈子是完了”等。

几乎每个人都存在不合理信念，这并不可怕。因为人生来就具有以理性信念对抗非理性信念的潜能。如果人们能够认识到自己的信念是不合理的，并主动调整自己的看法和态度，就可以降低挫折感，调整好情绪。

2.合理宣泄自己的负性情绪。

挫折造成的情绪压抑是心理变态的根源，特别是消极的情绪压抑积累到一定的程度，拥有足够的“能量”时，将会“自行决堤”崩溃，成为犯罪的重要原因，造成危害。我国的中医认为“郁则发之”，郁即郁结，发即发泄。心理学讲，一个人受到挫折后，简单地用意志力量压抑情绪，表现出超乎正常状态的谈笑自若，只能表面地缓解紧张，却按捺不住内心的情绪纷扰，不仅不能从根本上解决问题，还会使人陷入更深的心理困境，就像埋下了一颗定时炸弹，时刻会有毁灭自己或他人的危险。现代医学证明，结肠炎、消化性溃疡病、神经衰弱、失眠，以及许多癌症都与情绪长期压抑有关。犯罪心理学研究表明，许多犯罪，特别是青少年犯罪，大都与心理创伤或挫折有关。所以及时把积结的怒气、怨气、丧气宣泄出来是非常必要的。常见的宣泄方法有：

（1）生理宣泄。运动可以减轻不良情绪。体育锻炼，一般每周三次体育锻炼，每次30分钟。到室外活动，游泳、爬山、跑步或打高尔夫球，只要能消耗体能，就能宣泄不良情绪。

（2）心理宣泄。个人心中郁闷的事可以通过向他人倾诉，缓解内心的不良情绪。

从心理健康角度而言，宣泄可以消除挫折带来的精神压力，可以减轻精神疲劳；同时，宣泄也是一种自我心理救护措施，它能使挫折产生的不良情绪得到淡化和减轻。

（三）自我矫正犯罪心理的方法

1.自我诊断法。

自我诊断法就是自己对自己的心理进行分析评价，找出心理缺陷，制订出切实可行的矫正目标和计划，有目的、有针对性地进行矫正。

2.克制法。

克制法就是克制自己非分的欲望和冲动，消除犯罪心理。要做到自我克制：一是要有理智，明辨是非。二是要有坚强的意志，用高尚的道德情操战胜心灵深处的黑暗，用法制观念战胜犯罪心理的萌动。克制自我对每个人来说都是一种意志锻炼和自我控制能力的培养过程，要学会有效地克制自己，就要增强法制观念、道德观念，掌握科学知识，加强意志磨炼，树立远大的理想和奋斗目标，勤奋学习，刻苦矫正。

3.转移法。

转移法就是转移人的注意力，达到矫正犯罪心理的目的。注意，是指人的心理活动对一定对象的指向和集中。注意的指向指在每一个瞬间，自己的心理活动有选择地指向一定对象。注意力的集中，就是让自己的心理活动关注某一事物，如讲评时，大家的注意力都集中到讲评上，做到"全神贯注"。转移，就是注意力的转移，社区矫正对象在矫正中不要把注意力放在对昔日的犯罪生涯的回味，而要转移到生产、劳动和文体活动上去，从而形成新的爱好，培养好的习惯。

4.内省法。

内省就是反省自己的不良心理：一是要反省自己不良心理的主要表现，特别是容易产生犯罪心理的时段，如犯有性犯罪的社区矫正对象在晚上入睡前或见到妇女时，都可以引起非分的性冲动。每一个社区矫正对象都要准确地找出自己犯罪心理的主要形式，有针对性地反省。二是反省形成犯罪心理原因及形成过程，吸取教训，警醒自己，通过内省，明确矫正的目标和方向，下决心进行矫正。

第六节　重构守法心理个别化技术

一、守法心理概念

守法心理是指人们形成的对守法行为起决定性作用的各种心理因素有机组成的体系，基本内容见图8-7：

（一）积极的心理过程

主要内容包括：具有合理的思维模式，学法懂法；建立守法光荣、违法可耻的情感；遇事不走极端，培养遵纪守法的行为习惯。

（二）和谐的个性心理特征和个性倾向

主要内容包括：正确的世界观、人生观和价值观，知足常乐的人生态度和守法信念。

（三）良好心态

保持与遵纪守法要求相一致的心理状态等。

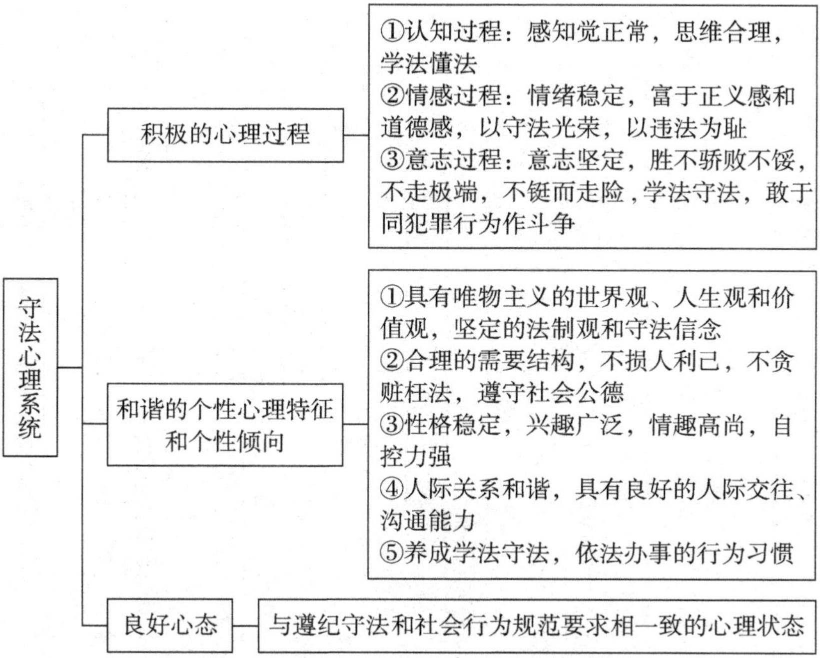

图8–7　守法心理系统

重构守法心理，是破旧立新的过程，也是重新确立正气的举措。

二、守法心理评估方法

社区矫正对象确立守法心理评估项目见表8–2。

表8-2　确立守法心理简易评估问卷

项目		题目	从每题给出的4个等级中选择适合你心理矫治情况的一个等级打“√”				评分
			优	良	及格	不及格	
心理过程	认知过程	（1）能明辨是非，学法懂法	8	7	5	4	
	情感过程	（2）情绪稳定，情感健康，有守法和正义感	8	7	5	4	
	意志过程	（3）能理智控制非分欲望冲动，具有抵抗犯罪行为诱惑能力	10	8	6	5	
个性倾向	人生观	（4）确立正确的人生观	8	7	5	4	
	道德观	（5）确立社会主义道德观，遵守社会行为规范	10	8	6	5	
	法制观	（6）培养遵纪守法的信念和行为习惯	12	10	8	7	
	信念	（7）有积极的人生态度和理想	8	7	5	4	
	需要	（8）有健康的物质和精神需要	8	7	5	4	
个性特点	能力	（9）学会一技之长，有建立友好关系的能力	6	5	4	2	
	爱好	（10）养成劳动习惯，培养对科学知识的兴趣和追求，助人为乐	6	5	4	2	
	气质性格	（11）性格乐观，遇事能理性思考，冷静克制	10	8	6	5	
心理状态		（12）心理健康，个性稳定，精神状态好	6	5	4	2	
合计							
评估标准：优，大于90分；良，75—90分（不含75分）；及格，60—75分；不及格，小于60分							

三、守法心理形成特点

守法心理是相对于犯罪心理而言的，与犯罪心理变化的特点相反，社区矫正对象的立功行为是守法心理在行为上的反映。调查结果表明，社区矫正对象悔改或立功表现多发生在入矫中期以后，与再犯罪的变化方向和趋势刚好相反，社区矫正对象守法心理的形成主要是在入矫中后期。

四、重构守法心理技术

（一）环境优化

远离黄赌毒，不交损友，多交益友和良师，洁身自好。

（二）认知重构

1.认罪悔罪是确立守法心理的重要基础。

认罪悔罪是社区矫正对象矫正的基本要求之一，要达到五条标准：一是承认犯罪事实，忏悔犯罪行为；二是服从法院判决；三是认清犯罪危害；四是清算犯罪根源；五是遵守监管法纪，积极矫正。

2.学习法制知识，确立牢固的法制观。

积极参加法制学习，了解法制知识，增强法制观念，培养依法办事行为习惯。在社区矫正对象中广泛开展法制宣传教育，对确立守法心理结构具有很强的针对性。社区矫正对象中有两种主要类型：一是知法犯法者，如渎职犯罪的人中大部分知道自己的行为是法律所不允许的，然而由于其意志薄弱，法制观念淡薄，对犯罪存侥幸心理，认为自己的行为不算犯罪，或犯下的罪行无人知晓，或顶多批评了事，用不着判刑坐牢、吃官司等；二是不懂法，如有的人认为打自己老婆或孩子是家事，用不着法律干预等。对前者要增强其法制观念，使其养成依法办事的良好习惯，对后者则要引导其学法、守法，做守法公民。

3.调动积极心理资源，确立自信心。

运用积极心理平衡理论和方法，充分调动社区矫正对象自身的心理资源，平复心理，重拾自信心。自信心是指社区矫正对象相信自己有能力完成矫正任务和走好今后的人生道路的心理表现，是社区矫正对象矫正成为守法公民的重要心理基础。调查结果表明，社区矫正对象中每4个人当中就有1个人在自信心方面存在问题，在新入矫社区矫正对象中尤为突出。调查结果表明，社区矫正对象确立自信心的内容、方法和途径有：

第一是入矫期间学会正确处理人与人之间关系的方法。这对确立自信是首要的。

第二是接受工作人员教育。调查人员认为，工作人员的教育帮助对社区矫正对象确立自信心比较重要。这一调查结果是对工作人员辛勤工作的充分肯定。大部分社区矫正对象从内心深处感激工作人员的教育，对他们言听计从，将正确的指引转化为实际行动，在这种积极的矫正过程中也不断增强了自信。相反，在心理咨询过程中，有的社区矫正对象反映，见到个别管理方法简单粗暴的工作人员心里就害怕，并产生对立情绪，这样是难以确立自信心的。

第三是入矫期间学会劳动技能。能有一技之长，出矫后自食其力，对社区矫正对象确立自信心有举足轻重的作用。

（三）情感重构

消除挫折和对立情绪，做到爱憎分明，增强对犯罪行为的痛恨感和遵纪守法的迫切感。

发挥榜样法作用，以社会上守法的模范人物或社区矫正好的典型人物为榜样，能够增强感召力和正面激励作用，增强改过自新的信心和动力，从而认真学习法制知识，不断增强法制观念，培养良好的守法行为习惯，做守法公民。

（四）意志重构

心理学的研究表明，需要与动机及行为间有密切的关系，犯罪动机源于个人非分或不合理的需要，犯罪动机引发的犯罪行为，历来是犯罪心理学研究的重要内容之一。社区矫正对象的行为同样与其所形成的需要密切相关。培养社区矫正对象积极的需要有利于矫正质量的提高，反之则会使矫正质量下降。要形成吃苦耐劳、艰苦朴素的生活作风，培养健康、合理的物质和精神需要。

要发挥教育矫正在这时期的主导作用，努力学习政治、法律、道德和科学文化技术，用科学知识武装头脑，战胜愚昧无知。不仅要在课堂上学，业余时间也要学，不要把精力放在打扑克等活动上。一些科学家之所以能取得成功，重要的原因就是充分利用8小时工作时间以外的时间。只要下定决心，一定能克服年龄大以及条件艰苦等困难，学好文化和法律知识。同时要积极参加各种文体活动，以丰富精神生活，培养高尚的品格。

重构守法心理的方法有很多，除了上面的方法以外，这里还介绍了立标明路法。立标就是将自己的各项矫正表现每天一记载，每月一小结，并结合月小结，季评比。通过资料的长期积累，可以看到自己付出多少努力就能得到多少矫正成绩，付出得多，收获也多，种瓜得瓜，种豆得豆，一分汗水一分收获，不种不收。明确方向，不走弯路，不走下坡路，不时冷时热，在工作人员的正确指引下矫正好。

第七节　重新规范行为个别化技术

一、行为规范

行为规范是指社会群体或个人在参与社会活动中所遵循的规则、准则的总称，是社会认可和人们普遍接受的具有一定约束力的行为标准。这一步骤所指的社区矫正对象行为规范，不仅仅是社区矫正对象矫正行为规范，也包括了一般社会行为规范的要求，即再社会化的要求。特别是在入矫后期，为出矫后做准备，社区矫正对象行为规范从入矫开始就必须严格执行，使行为由放荡不羁走向规范化。

二、守法行为变化规律

（一）奖励性行为的持续性

根据对狱内服刑人员的研究，受嘉奖、表扬记功和减刑奖励行为运行与受处罚行为刚好相反，奖励层次越高，他们争取这种奖励行为的持续性就越强，大奖激励性强，受嘉奖行为在服刑第2年达到高峰，受减刑奖励行为则到服刑第4年才达到高峰（见图8–8）。根据这一规律，要充分利用重奖机制，最大限度地调动社区矫正对象的矫正积极性。

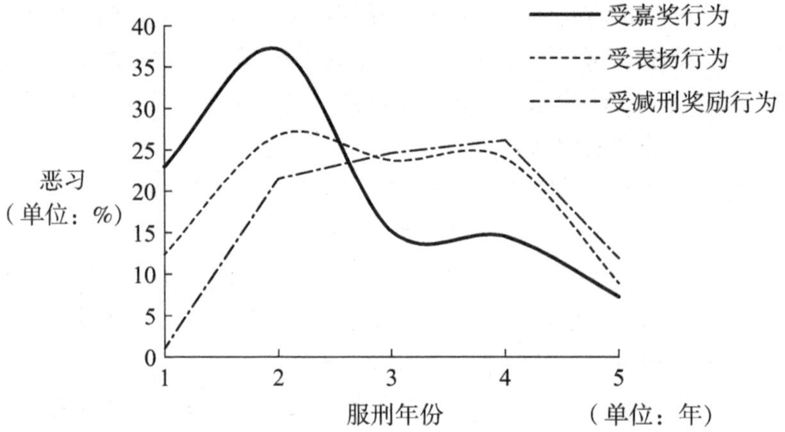

图8–8　守法行为运行模式比较

（二）奖励性行为的差异性

奖励层次越低，他们争取这种奖励行为的持续性就越弱，小奖动力小。但是细水长流，常给予小奖，则可以不断巩固矫治效果，起到潜移默化的作用。[①]

三、行为规范化基本要求

基本要求是：第一要组织他们学习行为规范，使他们提高认识。第二要进行训练，特别是社会适应性训练，使他们学会社会道德规范要求。第三要进行行为养成，加强社区矫正对象日考核管理，对积极行为进行奖励强化，严肃处理恶习，使他们养成良好的行为习惯。

① 叶扬主编：《中国罪犯心理矫治教程》，法律出版社2003年版，第122页。

（一）社区矫正对象行为规范的强化机制

行为需要激励，社区矫正对象良好行为一旦形成，即具有一定的稳定性，经过不断的强化，得以进一步巩固，并产生影响效应，带动其他个性的良化，个性的小改变可以引起大改变。

（二）社区矫正对象行为规范基本要求

1.严格执行报到、接受矫正、参加学习和社区服务、定期报告、严格执行禁令和请假制度等，培养遵章守法的好习惯。

2.严明法纪，严格执行书面警告、治安管理处罚、撤销缓刑和假释，以及重新收监执行制度，严厉打击违规、违纪和犯罪行为，矫正恶习，使其习得良好行为规范。

3.宽严相济和恩威并施相结合，对积极矫正行为给予正向激励，正强化，对有悔改、立功表现，符合减刑条件的及时兑现减刑奖励，树立正气。

（三）培养良好的行为规范的方法

1.对比法。就是在熟读社区矫正对象行为规范条文和掌握社会行为规范基本内容的基础上，经常进行对比，每月一次，甚至可以每天一次，或者每事一次，看自己的行为是否符合行为规范的要求，可以将自己的言行同模范人物比，也可以同矫正积极分子比，亦可以同自己比；可以将现在的表现同过去的表现比，也可以将今天的要求同未来的要求比，从而明确行为规范的目标要求，不断提高行为规范的水平。

2.正强化方法。正强化就是奖励那些符合守法行为规范目标的行为，以使这些行为得到进一步加强，从而有利于矫正成为守法公民。正强化又称“阳性强化”，是指个体做出某种行为或反应，随后或同时得到某种奖励，从而使行为或反应强度、概率或速度提升的过程。在强化的过程中，对个体反应产生正强化作用的事物称为正强化物。这一原理是通过对动物的学习研究得来的。在社区矫正中，正强化的原理常常被用来激励社区矫正对象积极矫正，看到进步，重拾信心和希望，习得良好的行为规范，争取早日新生。

第九章

分类矫治技术

第一节　盗窃犯罪类人员心理矫治

一、盗窃犯罪概念

盗窃犯罪是指以非法占有为目的，秘密窃取数额较大公私财物被依法判刑的行为。盗窃犯比例较大，多数恶习深重，重新犯罪比例高，必须加强矫治。

二、对盗窃犯罪的处罚

（一）我国古代对盗窃犯罪的处罚

盗窃是中国最为古老的罪名之一。我们现在所说的小偷，在古代称为“盗”。《荀子·修身》说“窃货曰盗”“害身曰贼”。即偷窃财物称为“盗”，侵犯人身安全的为“贼”。

《法经》是春秋末期李悝制定的中国封建社会第一部系统的法典。《法经》有六篇：《盗法》《贼法》《囚法》《捕法》《杂法》《具法》。李悝认为，“王者之政莫急于盗贼”，因此将《盗法》《贼法》列为前两篇。

历代刑法对于屡犯盗窃罪者，即盗窃惯犯，都有加重用刑的规定。后周世宗规定：诸盗经断后仍更行盗，前后三犯并曾经官司推问伏罪者，不论赦前赦后，赃多少，并决杀。

《唐律疏议》规定：“诸盗经断后，仍更行盗，前后三犯徒者，流二千里；三犯流者，绞。”

《大明律》规定："初犯，并于右小臂膊上刺'盗窃'二字，再犯，刺左臂膊。三犯者，绞。""若军人为盗，虽免刺字，三犯一体处绞。"

《大清律》内容基本等同于《大明律》，不过清代在雍正之后，出现了近似累犯的积匪猾贼的概念。凡属前科盗窃，赦后犯窃，被处军流徒刑，释放后，又连窃三次以上，同时并发，便是积匪猾贼，依嘉庆时期的修正条例，应发配至极边烟瘴地区充军。

（二）我国现行刑法对盗窃犯罪的处罚

我国《刑法》第二百六十四条规定："盗窃公私财物，数额较大的，或者多次盗窃、入户盗窃、携带凶器盗窃、扒窃的，处三年以下有期徒刑、拘役或者管制，并处或者单处罚金；数额巨大或者有其他严重情节的，处三年以上十年以下有期徒刑，并处罚金；数额特别巨大或者有其他特别严重情节的，处十年以上有期徒刑或者无期徒刑，并处罚金或者没收财产。"

三、盗窃犯罪类人员心理特点

（一）认知消极，自我评价低，好逸恶劳，缺乏劳动观点，表现带有欺诈性

"一日行窃，终身是贼"的旧观念束缚着他们，成为抹不去的创伤情结，他们多数认知消极，自我评价低。有的在劳动中弄虚作假，欺骗警察，企图蒙混过关。

有的为逃避劳动，无病呻吟，小病大休。他们多工于心计，善于钻空子，为重新犯罪埋下祸根。

（二）情绪消极，意志薄弱，利欲心重，需要扭曲

需要是心理发展的动力，根据马斯洛的需要层次理论，人的需要分为生理的需要、安全的需要、归属和爱的需要、尊重的需要和自我实现的需要五个层次，并且，层次越低的需要出现得越早，低一级需要的满足是高一级需要产生的基础和条件，越是高级的需要得到满足的人就越少。

盗窃犯情绪消极，意志薄弱，但是，低层次的生理的需要恶性膨胀，强烈追求吃、喝、玩、乐，对人类的共同理想事业毫无兴趣，低层次的生理的需要得到满足后并未产生高层次的需要或者只产生了被歪曲的需要。这些歪曲的需要在他们的需要结构中占有重要地位，不仅不能对强烈的生理的需要起调节和抑制作用，反而促进生理的需要的恶性膨胀。

（三）犯罪恶习深，行为难以矫正

多次作案成功的体验使他们长期以来形成了不劳而获的生活习惯方式，犯罪心理已成顽固不化的动力定型，劣根难除，“见钱眼开，见物手痒”。他们有的从小偷到大偷惯偷而不能自拔，恶习积重难返。

四、盗窃犯罪类人员心理的发展变化

根据犯罪与改造（守法）心理大循环系统理论，罪犯矫治心理变化划分为两个阶段：消除犯罪心理的第一阶段和确立守法心理的第二阶段，各阶段的心理和行为表现不同，需要有针对性的矫治对策。

（一）第一阶段（被迫改造阶段）

这一矫治阶段是指服刑人员服刑的前期，心理特点是，在入矫初期多数盗窃犯罪类服刑人员表现为怕苦怕累，厌恶生产劳动，纪律松散，对思想政治学习不感兴趣，行为带有欺骗性。服刑初期有的盗窃服刑人员因好逸恶劳适应不了严格的矫治要求而抗改等。

（二）第二阶段（自觉改造阶段）

与性犯罪类人员、暴力犯和经济犯比较，难改程度最高的是盗窃犯，但盗窃犯也有利于矫治的条件：大部分盗窃犯适应性强，具有较高的心理承受能力，经过第一阶段的矫治，他们能较快地适应艰苦的入矫生活，悲观失望、唉声叹气、寻死自杀的人少。求知欲强，他们希望学会一技之长，为日后谋生打下基础，要求积极参加文化技术学习。

五、盗窃犯罪类人员基本矫治要求

（一）加强思想教育，为心理矫治夯实基础

1.盗窃犯的思想特点。

盗窃犯存在的主要思想问题是以极端个人主义为核心的贪图享乐思想，表现为“人无横财不富，马无夜草不肥”“人为财死，鸟为食亡”“人生在世，吃喝二字”“有钱能使鬼推磨”等思想观念，在这种错误思想的支配下，他们不择手段作案犯法，因贪图享乐而走上盗窃犯罪道路。

2.盗窃犯思想矫正的基本要求。

（1）开展法制教育，解决认罪悔罪问题。深刻认识遵纪守法的重要性，掌握法律的基本常识，树立守法光荣违法可耻的信念，密切联系犯罪思想实际，深挖昔日不学法、不懂法、不守法以致犯罪的思想根源，加深对犯罪造成严重社会危害性的认识，批判和克服各种不认罪悔罪、违反纪律的错误思想行为，通过学法，明确权利和义务，增强法制观念，以法律规范约束行为，自觉地遵守纪律，并积极向一切违法违规的行为作斗争。

（2）进行人生观教育，消除享乐主义思想。教育他们确立正确的荣辱观、苦乐观、消费观，认识确立正确的人生观的重要性，深挖犯罪的思想根源，批判享乐主义的人生观和价值观，形成爱祖国、爱人民、以劳动为荣的人生观，决心从什么地方倒下去，就从什么地方重新站起来，告别昨天，迈向新生。

（3）加强道德教育，解决好堂堂正正做人的问题。掌握社会主义道德的基本内容和要求，使盗窃犯对错误观念和违反社会主义道德行为进行反思，认识到道德败坏和违法犯罪之间的联系，结合思想改造实际，批评和清除封建的江湖义气和资产阶级的腐朽堕落思想。同时通过社会主义精神文明教育，使其树立社会主义道德观念，培养高尚的情操和良好的行为习惯。

（二）心理矫治

通过有效的矫治，矫正盗窃犯以非分的不合理的恶性膨胀的物质

欲望为核心的畸形的犯罪心理系统。

1.矫治犯罪心理。

矫治盗窃犯罪类人员犯罪心理的主要目标是：（1）矫正畸形的需要系统；（2）矫正错误的人生观；（3）矫正偏激的认识；（4）矫正薄弱的意志。

盗窃犯的矫治要从矫正不良的需要人手，达到不再图谋不义之财的目的，在加强人生观、道德、法制教育的同时，使其积极参加劳动，有目的、有计划地矫正长期以来形成的对物质的不合理的畸形的需要。盗窃犯要从消费的角度分析畸形消费的危害，准确地找出犯罪的原因，要懂得个人的消费取决于个人的经济条件的道理，从而养成勤俭节约、艰苦朴素的作风，树立正确的消费观。

引起盗窃犯罪的动机有两种，一种是“贫寒起盗心”。比如，社区矫正对象潘某，家在农村，父母早死，唯一的姐姐已出嫁，家里就剩下他一人，潘犯不务正业，到处流窜，三十多岁了尚未结婚，他绞尽脑汁，终于想到了偷耕牛从而走上犯罪道路。又如，社区矫正对象陈某，他已经三十岁了，虽然找到了意中人，可是因家穷没房子，婚事一拖再拖，最终告吹，他为了弄钱建房，最后发展到偷钢材。这类社区矫正对象的矫治重点是增强法制观念，消除侥幸心理，矫正不劳而获观念，学会劳动技能。

而另一种是“温饱起盗心”。比如，社区矫正对象为了购买高级时装、手表，进高级宾馆而偷盗等。对这类人员，重点矫正错误的人生观，享乐观，彻底矫正非分的物质需要结构，联系实际矫治。

2.建立守法心理。

目标是建立合理的需要观念，形成稳固合理的需要结构，确立正确的人生观、法制观等。

（1）加强学习，增强法制观念，除参加人生观、法制观等政治学习外，还可以利用各种场合开展专题演讲，如现身说法，谈危害、树信心，甚至可以站在受害者的角度去开展“假如我是受害者”的征文、演讲活动等。

（2）积极参加文化技术学习活动，增长知识，提高文化修养，培养高尚的情操。

（3）经常进行总结检查，养成劳动习惯，学会劳动技能，做一个自食其力的守法公民。

3.盗窃犯心理矫治方法。

（1）换位思考法。把社区矫正对象置身于被盗、被抢、被扒的位置，让其想想自己的心情如何、处境如何、怎样对待。

（2）意象延伸法。首先，组织社区矫正对象对自己的过去和现在进行对比，对将来前途进行展望，认清犯罪的危害性和矫治的重要性。其次，开展“得”与“失”教育，进行对比，看看自己是失的多还是得的多。最后，组织学习社会发展史、人类文明史，畅谈幸福生活是来自盗窃还是来自勤劳，从而明确方向，增强改造意识。

（3）立标明路法。立标就是将自己的各项表现每天一记载、每月一小结，并结合监区月小结、季评比结果，通过资料的长期积累，可以看到自己付出多少努力就能得到多少改造成绩。

（三）行为矫正

盗窃犯罪类人员不良行为矫正的核心是矫正不劳而获的行为习惯，主要包括不劳而获的寄生性、好逸恶劳的懒惰性和鼠窃狗偷恶习的顽固性等。

1.加强行为约束，收敛犯罪恶习。

盗窃犯通过入矫教育和行为规范的专门教育、训练，要收敛各种恶习，要“收手”，杜绝小偷小摸，不能见钱眼开、见物手痒，并要爱护公物，包括爱护花草，搞好环境卫生、美化绿化等。

2.确立劳动观念，在劳动中矫正犯罪恶习。

第一是加强劳动教育，使他们懂得劳动创造了人类，劳动是人类生存的基础，劳动是创造幸福生活的源泉，劳动是创造财富实现人生价值、增长知识、塑造美好心灵的重要途径等，从而确立劳动观念。第二是使其积极参加生产劳动的实践，苦其心志，劳其筋骨，洗心革面，重新做人。

3.强化行为规范的学习和训练，养成良好的行为习惯。

通过对行为规范的学习，从平时做起，从每一件小事做起，学规范，用规范，培养良好的纪律作风，增强自我控制能力，能有效地控制非分的物质需求欲望，养成依法办事的习惯。

4.行为矫正方法。

（1）联想法。一旦产生盗窃等犯罪心理和行为冲动时，应立即联想到：第一，自己盗窃犯罪被判刑的深刻教训；第二，其他盗窃等犯罪被判刑人员的教训；第三，历史上盗窃犯罪的教训，如汉高祖刘邦的“约法三章”中就有一条是“盗抵罪”；第四，由盗窃犯罪被惩处联想到其他形式的犯罪被判刑的情况，懂得犯罪必受惩的道理，从而抑制犯罪的冲动，并积极矫治，矫正不良的行为习惯。

（2）内省法。内省指内心深处的反省。一是要深刻地反省昔日的犯罪给自己、家庭和社会的危害，产生罪责感，从而产生悔过自新的内在动力，自觉收敛恶习；二是经常对自己的不良行为进行反省，把目标集中到遵守纪律上来，自觉执行行为规范，并养成良好的行为习惯。

（3）自我激励法。自我激励就是自己激励自己。社区矫正对象心理上的双重性，使行为也表现出双重性，心情时好时坏，有时内心矛盾重重，但正常的矫正总是不断进步的，只要调动积极心理资源，肯定成绩，挖掘长处和优点，并加以肯定，进行自我激励，就能加倍增强矫治的信心，加快新生的步伐，改掉恶习，养成好的行为习惯。

第二节　暴力犯罪类人员心理矫治

一、暴力犯罪概念

暴力犯罪是指因犯行凶杀人和故意伤害等暴力罪行被依法判刑的行为。近年来，暴力犯的人数比例有不断上升的趋势。

二、暴力犯罪类人员心理特点

（一）法制观念淡薄，易陷入法制认知误区

他们有的为一件鸡毛蒜皮的事情可以相互斗殴、大打出手。有

个少年犯杀死了6岁的小孩，审讯时问他为什么杀人，他说“好玩”，表现得若无其事。邢某坐车从惠州返回深圳途中，至惠深沿海高速公路惠东段时，在车内遭遇石头打击。警方发言人说：经过初步了解，石头大概拳头大小，穿过挡风玻璃砸到了受害人的脸上，石头还遗留在车上。在紧急送到医院后，邢某于次日凌晨在医院不治身亡。经警方全力侦查，两天后，专案组民警抓获犯罪嫌疑人林某健（男15岁）、蔡某成（男16岁）、黄某泉（男19岁）3人，经审讯后得知其扔石头竟是为了取乐。

由于受到社会不良因素影响，一些人在不良武打、武侠电影、录像、小报、小说等引诱下，愚昧野蛮的个人主义思想膨胀，模仿影视作品中的方式作案。这些人为了称“雄”，稍不顺意就大打出手，刀枪相见。入矫后仍想称王称霸，拉帮结伙，不把监管纪律放在眼里。

（二）情绪不稳定，冲动性、攻击性、报复性强，自我控制能力差，易意气用事

暴力犯罪类人员心理气质上的易冲动性及难以控制是导致其犯罪的重要原因之一，这种缺陷在入矫期间如果得不到及时有效矫正，很容易发生暴力违法行为。

（三）有的暴力犯罪类人员行凶伤人的背后往往还有其不可告人的目的，使用暴力只是为了达到目的的手段

他们使用暴力不仅仅是伤人毁物，也为了劫财劫色，这些人员的矫治难度要比单纯的暴力犯罪类人员高得多。

三、暴力犯罪类人员心理的发展变化

（一）第一阶段

由于暴力犯罪都不同程度地给受害人或社会造成直接的危害，有确凿的证据，入矫后大部分都能认罪悔罪，接受教育。即使极个别的申诉也只是纠缠一些量刑情节轻重问题，以求减轻处罚，但对犯罪事实本身大都供认不讳。

在这一阶段，暴力犯变异偏执的性格、凶残的报复心理、疯狂的攻击性行为等在一定诱因的作用下都有可能发作，放荡不羁的性格难以收敛，存在潜在危害性，时有拉帮结派、打架斗殴、争强逞能的现象，或是对严格的监管要求难以适应，或是对管理不服，部分暴力犯将激发的抵触对抗心理转化为反矫正的冒险行动，需要强化行为规范管理教育，加强矫治。

（二）第二阶段

由于认罪悔罪基础好，经过第一阶段的矫治，大部分暴力犯都能将功补过、真诚悔改，积极参加生产劳动和文化技术学习。他们不但严格要求自己，而且在犯人中起到一定的积极带头作用。他们当中的相当一部分人成为矫正积极分子，带头守法。

四、基本矫治要求

（一）加强思想教育，为心理矫治夯实基础

暴力犯存在的思想问题主要表现在法制观念差，目无法纪，在脑海深处存在封建主义的江湖义气思想，信奉“有福同享，有难共当”“不能同生，但愿同死”的信条，有“为朋友两肋插刀”的江湖义气，即使在入矫期间看到小兄弟在打架，也会不问青红皂白上去助拳，不顾死活大打出手，重演昔日行凶伤人的悲剧。暴力犯思想矫正的基本要求是：

1.认真学习法律知识，增强遵纪守法观念。

组织暴力犯进行系统的法制教育，使他们掌握基本的法律知识，增强遵纪守法的观念，充分认识暴力犯罪的刑事违法性、严重的社会危害性和犯罪手段、后果的残酷性，组织他们进行“以案说法”的讨论，联系思想实际，引导他们认清犯罪行为的刑事违法性、严重性，并站在受害者的角度想一想，假如自己或自己的亲人是受害者，假如自己的父母、妻子、儿女死于暴力犯罪分子的手下，自己如何面对等，从而激起学法、用法的热情，下决心学好法律知识，忏悔罪恶，做守法的公民。

2.进行社会主义道德教育，培养高尚的道德情操。

心胸狭窄、争强好胜、江湖义气等，把暴力犯罪分子推向了罪恶的深渊。他们要从犯罪的深渊中走出来，破除错误的道德观念，重新做人，就必须通过社会主义道德的系统学习，提高道德水平，能时刻保持清醒的头脑，严格区分真善美与假恶丑，掌握评价事物好坏的道德标准，理智、冷静地处理日常生活中的各种矛盾，建立一种互相尊重、睦邻友好的人际关系，把各种分歧、纷争和可能引发的暴力行为消灭在萌芽状态。

3.积极参加文化技术学习，提高是非识别能力，学会自食其力的本领。

有的暴力犯是非识别能力比较差，分不清是与非的界限，一有分歧或争执就大打出手，结果铸成大错，走上犯罪道路。通过组织暴力犯进行系统的文化技术学习，一是可以提高他们识别是非的分析判断能力，预防和减少犯罪；二是可以使他们学会技能，增长才干，为日后就业谋生打下良好的基础。同时，积极参加各种文体活动，能丰富精神生活，培养高尚的情操。

（二）心理矫治

暴力犯心理的主要缺陷是意志薄弱、自我控制能力差、情绪易激动、个性偏激、嫉妒心重等。

1.矫治犯罪心理。

暴力犯要通过系统的道德、人生观和法制教育学习，深挖犯罪根源，准确地找出犯罪原因，看清犯罪危害，进行现身说法，以自身堕落的深刻教训警醒后进的狱友，在矫治犯罪心理的过程中，可以采取置换的方法，把自己置身于受害者的位置，想一想自己被伤、被抢，亲人被害后的感受，开展“假如我是受害者”的讨论，给受害人写信表达悔过之意，并安慰受害者悲伤的心情，从而激发内心的改造积极性，加快矫治进程。通过踊跃参加艰苦的生产劳动和各种文体活动，苦其心志，劳其筋骨，陶冶性情，改恶习，树新风。要学会转移法，把旺盛的精力转移到参加劳动生产、文体活动中去，从而培养良好的心理品德，改掉恶习，矫治犯罪心理。

2.建立守法心理。

暴力犯建立守法心理系统的核心是强化法制观念，改变心胸狭隘、自私嫉妒、粗暴任性的性格，养成依法办事的习惯，善于用理性去克制自己。监管机关在这一过程当中将在严格管理的基础上充分运用奖惩的手段，奖勤罚懒，鼓励先进，鞭策后进，惩罚对抗分子，奖励积极分子，强化暴力犯的心理健康教育和法制文化教育，建立守法心理系统，巩固新的动力定型。教育他们要学会忍让，遇事“三思而后行”，做到“多思、慎思、深思，”养成冷静沉着的习惯，理智地处理矛盾冲突，培养高尚的道德情操。

（三）行为矫正

暴力犯的行为具有冒险、残忍、野蛮、疯狂、欺诈、顽固等特点，行为带有攻击性和破坏性，必须加以矫正。

1.收敛犯罪恶习。

暴力犯的法制观念淡薄，自我控制能力差，在入矫期间若不严格地要求自己，原来形成的犯罪恶习很容易暴露出来，从而发生违反纪律的行为。暴力犯要过好入矫教育关，学好纪律，熟练掌握行为规范的内容，严格要求和约束自己的一言一行，以理服人，文明待人，首先收敛原先所形成的犯罪恶习。

2.暴力犯的行为规范。

一是要大力开展暴力犯行为规范化教育，使暴力犯理解进行规范化管理对矫正恶习的重要意义，掌握行为规范化的基本内容和要求，并结合自身的实际，找出薄弱环节，有针对性地改造。二是进行行为规范的训练，要在纪律、生活学习和生产劳动等各种场合，采取集中演练、实际操作等多种形式，使暴力犯罪社区矫正对象真正把行为规范落到实处，把工作人员的教育指引转化为实际行动。三是通过监管、教育和劳动等途径的严格训练，使暴力犯真正养成良好的行为习惯，真正改变个性的偏执性、攻击性、挑衅性色彩，讲文明懂礼貌，对人和蔼，办事有信心和耐性，遇事能克制自己，理智地处理和解决各种矛盾，养成良好的行为习惯。

第三节　性犯罪类人员心理矫治

一、性犯罪概念

性犯罪是指强奸、强制猥亵、侮辱妇女、强迫卖淫、引诱幼女卖淫、猥亵儿童、聚众淫乱、组织卖淫以及引诱、容留、介绍卖淫等被依法判刑的行为。

二、我国现行刑法对性犯罪的处罚

《中华人民共和国刑法》第二百三十六条规定：以暴力、胁迫或者其他手段强奸妇女的，处三年以上十年以下有期徒刑。奸淫不满十四周岁的幼女的，以强奸论，从重处罚。强奸妇女、奸淫幼女，有下列情形之一的，处十年以上有期徒刑、无期徒刑或者死刑：（1）强奸妇女、奸淫幼女情节恶劣的；（2）强奸妇女、奸淫幼女多人的；（3）在公共场所当众强奸妇女、奸淫幼女的；（4）二人以上轮奸的；（5）奸淫不满十周岁的幼女或者造成幼女伤害的；（6）致使被害人重伤、死亡或者造成其他严重后果的。

三、性犯罪类人员的心理特点

（一）认知扭曲，观念腐朽

性犯罪类服刑人员普遍学识浅薄，"及时行乐"是他们人生观的基本内容，入矫后多数认罪悔罪态度差，个别公开不服判决。

（二）缺乏同情心，具有心理变态倾向

性犯罪类人员同情心差，冷酷无情，心理变态倾向较强。[①]这些个性与其原先形成的犯罪心理密切相关。

① 广东省监狱管理局编：《广东省监狱服刑人员心理状况调查报告（上）》，载《犯罪与矫治研究》2009年第3期，第13–22页。

（三）品质败坏，抗改行为隐蔽性强

在错误人生观的支配下，他们一味追求“性解放”“性自由”，把享受建立在别人的痛苦之上，为发泄私欲，达到不可告人的卑鄙目的而置法律和社会公德于不顾，强奸妇女，无恶不作。抗改行为隐蔽，一般不易觉察；怕苦怕累思想严重，难过劳动关；大部分有悲观情绪，认为所犯罪行难以启齿，在社区矫正对象中抬不起头。

换言之，思想腐朽，观念自私，道德败坏是性犯罪类人员的共同心理特点。他们有的把性犯罪的思想带到狱友中，经常回味昔日的犯罪生涯等。

四、性犯罪类人员心理的发展变化

（一）第一阶段

入矫后大部分性犯罪类人员都有不同程度的不认罪悔罪心理，鸣冤叫屈，妄图翻案。有一个第三次刑满释放的犯人，释放回家不到三个月，趁无成人在家之机用十元钱将年仅5岁的侄女骗到自己房内奸淫，作案后受害者被送医院医治半个多月，伤口尚未愈合。但该犯却矢口否认犯罪事实，一会儿说是别人诬告他，一会儿又说是派出所警察逼供，对判刑不服，到处申诉。一些流氓分子认为他们发生性关系是两相情愿，且都在隐蔽条件下进行，没有危害社会，不构成犯罪。有的性犯罪在玩弄妇女的过程中曾先后给对方一定钱财，据此，他们借商品经济等价交换评估自己的犯罪行为，认为自己出钱对方出卖肉体属于公平合理的事情，根本不需要国家法律干涉。

性犯罪类人员一方面不认罪悔罪，否认犯罪事实，对犯罪的危害性认识不足，没有罪责感；而另一方面又留恋昔日的犯罪生涯，继续与一些臭味相投的人谈女人，传授犯罪伎俩，口出污言秽语，看淫秽书刊等，恶习难以收敛。

（二）第二阶段

经过第一阶段的矫治，特别是一些人多次申诉被法院驳回，并经

个别教育后，他们当中的大多数人都能在内心产生罪责感，认罪悔罪。例如，金某因奸淫三个幼女被判刑，他不服判决，不停地写申诉，上到中央及省的有关部门，下到市、县法院都有他的申诉书。后来经过反复教育，并结合法院的复查和帮助教育，做了大量工作，该犯才有所转变，表示认罪悔罪接受改造。大部分性犯罪类社区矫正对象在日常生活中比较检点，很少做丢人现眼的事，在日常量化考核中得分一般比其他社区矫正对象高。

五、基本矫治要求

（一）加强思想教育，为心理矫治夯实基础

性犯罪类人员的思想错误主要表现在道德观念差，把享乐建立在别人终生痛苦的基础上，用犯罪手段来满足自己的生理需要，暴力强奸社区矫正对象往往把女方捆绑或打伤、打晕后施行暴行，有的怕受害人指正，奸后挖掉对方的眼睛，有的甚至打死后奸尸，有个青年甚至把别人埋进坟墓的女尸挖出奸尸，丧心病狂，令人发指。性犯罪类人员心理空虚，为了寻找刺激而进舞场，以谈婚姻为名、以物质作诱饵等，不择手段强奸妇女。据调查，大部分性犯罪类人员的道德文化修养差。其主要思想矫正要求是：

1.深挖性犯罪的思想根源，有针对性地矫治。

多数性社区矫正对象对犯罪的主观因素认识不足，不从自身的思想滑坡、堕落的过程中去找原因，往往把犯罪根源推向客观条件，推向社会，推卸自身在犯罪过程中的责任，有的拒不认罪，有的口服心不服，有的认为有错无罪不该判刑等，概括起来引起性犯罪类犯罪的主要思想根源有：（1）贪图享乐的腐朽思想在作怪；（2）道德观念差；（3）法制观念淡薄；（4）错误的恋爱观念等。

每一个性犯罪类人员都必须通过入矫教育，准确地找出犯罪的思想根源，这样才能更加有效地提高思想教育的质量，加快矫治进程。

2.大力开展精神文明建设。

性犯罪是我国社会主义精神文明建设的破坏者，是对国家法律的无情践踏，是对妇女身心健康的严重摧残，败风气、乱伦理，是对现

代文明的亵渎。改革开放推动了我国社会的发展进步，在引进了先进的科学技术和管理办法的同时，也带进了一些腐朽的思想意识、文化，这些文化同我们中华民族的传统美德、同社会的婚姻家庭观念、同社会的性观念等格格不入，受腐朽思想危害的人自然会产生思想上的矛盾冲突，感到失落、空虚等，久而久之，走上了性犯罪的道路。对性犯罪社区矫正对象要进行系统的社会主义精神文明教育，使其不断提高精神文明水平，用文明战胜野蛮。

（二）心理矫治

性犯罪类人员心理存在的主要问题是，在错误的人生观和信念支配下形成非分的性需求，把性作为人生的寄托和追求，有的形成变态人格，偷女人的内衣等。据有关方面的研究结果显示，性犯罪类人员不重视文化修养，对政治学习不感兴趣，不能尊重礼俗，忽视生活细节，喜欢向异性献殷勤卖力气，对人对事较主观，感情用事，法制观念不强，缺乏责任感，不能面对现实，忧虑抑郁、心神不定、烦恼自忧、患得患失。在心理评估的次级个性分析中，性犯罪类人员基本上焦虑、外向、感情用事和怯懦，有的性犯罪类人员心理不健康，有心理障碍等。因此，必须加强性犯罪类人员的心理矫治。

1.矫治犯罪心理。

性心理是指个体感受到关于异性的印象的总和。性心理主要是由外界刺激引起的，有两种主要形式：

（1）积欲心理。包括两个方面，一是性生理上能量的积累，及其必然引起的心理上性的欲望积累，二是人在发生性行为前，与异性发生的身体上、精神上的接触所激起的性欲的积累。

（2）解欲心理。积欲是把性的能量积累起来，解欲是把这种能量释放出去。正常的解欲可以使人的生理和心理都得到调节，有利于身心健康。

根据心理特点，性欲控制的机制是：

（1）性欲积累使人产生欲求不满的紧张心理状态和性的冲动，注意力分散，内心感到不舒服，有时候用意识压抑，但这只是暂时的，由于和性冲动进行斗争，人在精神上不免忍受着焦虑和抑郁。有的人在学习和工作以及体育运动方面加倍努力，借以排遣性的冲动，生活上也加以节制，如简单的饮食、避免奢侈的生活、避免身心方面遭受刺激、谨慎结交朋友等。繁忙的工作、充分的体育活动，这些可以使积欲产生的紧张心理得到调和，把性能量转移到学习和工作中去，得到心理上的平衡。

（2）若把性生理上积累的能量用到乱交不三不四的朋友中去，乱搞两性关系，借以发泄，把时间放到看淫秽录像上去，迟早会违反社会伦理道德，身心平衡失调，走上违法犯罪道路。

根据这些机制，性犯罪类人员在积极参加生产劳动的同时，要大力开展各种有益身心的文体活动，丰富精神生活，转移注意力，培养健康的爱好和精神需要，矫治性犯罪心理。

2.建立守法心理。

要改变性犯罪类社区矫正对象腐朽的人生观和没落的道德观，不仅要进行常规的思想教育，而且要针对性犯罪类社区矫正对象的特点对症下药，进行性心理和性生理基本知识、性道德和性审美等专项教育，使他们树立正确的性道德观，培养高尚情操，学法守法。

（三）行为矫正

性犯罪类人员行为的特点主要表现在：（1）残暴性。强奸犯要达到犯罪目的首先就要使用暴力，征服女方，结果往往无辜地置女方于伤残，甚至死亡境地，手段十分残忍。（2）隐蔽性。性犯罪往往在不易被人发现的隐蔽场所进行，犯罪分子的伪装性强，一些性犯罪分子往往使用欺骗、诱骗等手段，把妇女骗到旅馆甚至家中进行奸淫。（3）顽固性。性犯罪恶习一旦形成具有很强的顽固性。针对这些特点，对性犯罪类人员的行为矫正提出如下要求：

1.收敛犯罪恶习。

大部分性犯罪类人员在不良的性行为中由于性体验的刺激，使性心理不断增强从而形成超乎常人的性需求。他们把玩弄女性作为人生的第一需要，以玩女人为光荣，入矫后仍有嫖娼等不良行为发生，这是错上加错。对此，要严明纪律，严格防范。

2. 性犯罪类人员的改造行为规范。

第一是要组织性犯罪类人员进行专门的行为规范教育，以行为规范为基础，结合性知识、性道德和性美育等内容，对性犯罪类人员进行系统的行为规范教育，使其掌握行为规范的内容和要求。第二是要针对性犯罪类人员的特点，进行专门的矫治，采取内省，自我激励、自我暗示，情感转移等方法有效地矫正性犯罪恶习。第三是加强日常的行为约束，要制定相应的专项管理制度，严防性犯罪类人员间传授犯罪手段和伎俩，不准传抄、阅读淫秽书刊，不准谈低级下流的言论。教育他们讲文明、讲道德，克服自私自利的思想观念，培养高尚的道德情操，树立正确的人生观和信念。

第四节　经济犯罪类人员心理矫治

一、经济犯罪类人员的心理特点

（一）思想意识的腐朽性

经济犯罪类人员一般都具有一定的文化程度，有的人手中原先还有一定权力，他们共同的弱点是经不起物质诱惑，向往腐朽的生活方式，欲求发财；信奉“人为财死，鸟为食亡”“人无横财不富，马无夜草不肥”的人生哲学，不择手段地侵吞个人和国家财产，最终成为人民的罪人。

（二）自私的价值观念

我国还处在社会主义初级阶段，在这个历史阶段，市场经济的充分发展是社会主义经济发展的必然趋势，是实现我国经济现代化的必要条件，必须清醒地认识到社会主义市场经济仍有一般商品经济的自然属性，社会主义市场经济也必须建立在商品交换和价值规律的基础上，必然会有竞争。在市场经济条件下，商品生产经营者的直接目的是营利，讲求更多的价值，归根到底是物质利益关系和价值关系，能否获得价值的多寡不但涉及商品生产者自身的发展，而且与其社会地位和社会荣誉直接相关，价值就成了社会成员追求的目标。作为价值的货币表现形式的金钱，便成为一切社会成员领取社会财富的凭证和能满足多种需要的最理想的工具。在这种客观社会条件下，金钱万能的拜金拜物思想应运而生。一旦这种腐朽思想渗透进那些过分利己、漠视公众和他人利益的人的心灵，经济贪欲就会受到刺激而成倍增加，成为经济犯罪的原动力。这些人的利己主义思想在服刑期间仍一有机会就发作。

（三）行为的腐蚀性强

经济犯的金钱物质来源往往比其他犯人充裕，这为他们利用这一有利因素，以小恩小惠拉拢利用狱友与其同流合污提供了便利条件。在改造期间经济犯往往用金钱财物收买人心，甚至贿赂警察，为其安排轻松的劳动或减刑假释大开方便之门。个别经济犯还在入矫教育期间就开始了解警察情况，拉关系。

某监狱曾有这样一个案例，一个利用经济合同诈骗的犯人在看守所刚被押上送往监狱的囚车时，就对车上前来押送的警察说："您那里有酒厂，我会做假酒，到监狱后我一定尽力而为！"何等荒唐。

（四）心理落差明显

经济犯罪类人员有的原先是机关事业单位的主要领导，入矫后从公仆到囚徒，地位一落千丈让他们坐卧不安，度日如年。社区矫正对象刘某（38岁），原为乡镇卫生院院长，入矫教育后该犯思想尚未能稳定，反映因心理落差较大，信心不足，不能适应入矫要求，提出需要进行心理帮助。

二、经济犯罪类人员心理的发展变化

（一）第一阶段

经济犯入矫初期往往不认罪服判，内心强烈不满，纷纷申诉。有的认为受贿是"领导批准""业务需要"，为了"搞活经济"，获得

“酬劳费”“业务费”等来推卸罪责。有的贪污犯把贪污公款视为暂时借用，不算犯罪。或者因为贪污数量少、已退赔赃款，不应该重判等，到处鸣冤叫屈。

入矫后尽管对判决不服，但是，他们大部分不得不面对现实。一落千丈而成为阶下囚的现实使他们悲观失望，平时沉默寡言，行动隐蔽性大，不轻易暴露自己的真实面目。他们一般能遵守纪律，对党的政策和国家大事较为关心和敏感，注意收听广播电视，对能看到的报纸杂志总要仔细阅读。

（二）第二阶段

经过第一阶段的矫治，他们当中大多数都能从多次申诉企图翻案的白日梦中醒悟过来。与其他社区矫正对象相比，经济犯在生产劳动及日常生活中表现出较强的组织能力，成为犯人的骨干分子。经济犯的精神需求比其他社区矫正对象高，喜欢参加文娱和体育活动，对这种健康的精神需要应积极创造条件给予满足。

在入矫过程中，与盗窃犯、暴力犯、性罪犯相比，经济犯教育质量提高较快，易矫正，这同经济犯本身所具有的既定条件关系很大，如文化程度高、有较稳定的经济收入和家庭、原先有固定职业等都影响到服刑改造的表现。

三、基本矫治要求

（一）加强思想教育，夯实心理矫治基础

经济犯罪类人员的错误思想主要表现在极端利己的个人主义思想、贪财恋物与追求享受的盲目追求、以权谋私的封建特权思想等，在矫治过程中，要有针对性地矫正犯罪思想，确立正确的人生观等。

1.破旧。

破旧就是破除原先所形成的犯罪思想。如何破旧？一是要解决认罪悔罪问题，有的经济犯对犯罪的危害性认识不足，缺乏罪责感，他们往往把罪因推向客观，归咎于社会经济的发展，而不是从自身思想深处找原因，必须通过入矫专题教育解决认罪悔罪问题。二是要结合

实际清算犯罪危害，经济犯罪不仅危害自己及家庭，而且对社会经济发展造成直接破坏，不仅危害物质文明建设，而且败坏社会风气，对精神文明建设造成直接的破坏，不能错误地认为自己的犯罪危害性不大，是吃了“政策多变”的风头官司、吃了“惩罚不公”“没有后台”的“冤枉”官司，吃了“不抓别人、抓了自己”的“倒霉”官司等。三是通过矫治准确地找出经济犯罪的原因，特别是主观原因，经济犯罪绝不是偶然的，主观上贪财恋物的拜金主义思想、自私自利的个人主义思想、贪图享受的功利思想，在头脑中作怪，如果不从根本上清除这些思想根源，斩草除根，就不可能使犯罪本质得到真正矫正。四是严格遵守纪律，自觉接受监管，积极参加生产劳动，认真学习政治、文化科学技术，战胜旧我，脱胎换骨，重新做人。

2.立新。

立新就是确立正确的人生观和信念，变利己心为利他心，变以权谋私为依法办事等。一是要积极参加经济犯罪类人员的分类教育，有针对性地矫治，提高破旧立新的教育质量；二是加强法制和道德等专项教育，确立正确的道德观，不断增强法制观念，养成依法办事的习惯；三是积极参加文化技术学习，学会真本领，做建设社会主义的有用之材；四是积极参加征文、文艺演出、体育比赛等文体活动，培养高尚的情操；五是要通过劳动，矫正犯罪思想，养成劳动光荣的观念等。

（二）心理矫治

经济犯罪类人员在心理上主要表现为法制观念差，在守法与违法之间存侥幸过关心理；在艰苦创业与游手好闲间存贪图安逸心理，形成畸形的物质需要，在利益的诱惑面前，意志薄弱，成为金钱的奴隶，走上犯罪道路。经济犯罪类人员的心理矫治也必须对症下药。

1.矫治犯罪心理。

要严格控制非分的物质需求欲。经济犯物质上的来源往往比其他犯人好些，不能让他们在入矫期间仍搞“高消费”、讲排场、铺张浪费。教育他们养成艰苦朴素、勤俭节约的作风，在劳动中消除好逸恶劳、损公肥私的思想观念，矫正经济犯罪的各种心理结构因素。

2.建立守法心理。

组织他们进行人生观、道德观方面的专题教育，结合各个时期的政治学习，开展各种形式的征文、演讲、文艺活动、书法比赛等。利用节假日开展篮球、拔河、乒乓球等体育比赛，鼓励有文化水平和办报经验的犯人协助警察搞好板报、墙报等，做好宣传工作。要进行专门的市场经济规律和法制的教育，使他们懂得市场经济是法律严格规范下的经济的道理，在社会主义法律不断完善的今天，一切犯罪行为，不管手段有何等的隐蔽，最终都逃脱不了法律的严厉制裁的道理，正所谓法网恢恢，疏而不漏。经常对他们进行国内、国际形势教育，使他们正确地估计形势，认清自己，加速矫治步伐，做一个遵纪守法的新人，形成稳固的守法心理系统。

（三）行为矫正

经济犯罪类人员行为恶习主要表现在：行为表现的双重性，阳奉阴违，当面认罪背后鸣冤叫屈，善于投机取巧，做表面文章；功利性明显，他们把商品经济中“等价交换”的法则带到入矫中，仍以为“有钱能使鬼推磨”，用钱物拉拢犯人，腐蚀警察，为其减刑等大开方便之门；贪图享受，追求高消费，浪费家人与亲友的资财等。因此，必须严格要求：

1.收敛犯罪恶习。

在入矫初期，通过严格的监管，首先使经济犯罪类人员在外部所表现的各种恶习收敛。其次要多让他们参加生产劳动，在劳动中矫正犯罪思想。最后防止他们不择手段地把监狱工作人员拉下水，再犯罪。

2.进行行为规范教育

对经济犯罪类人员除了进行一般社区矫正对象都进行的行为规范教育、训练之外，还要特别对原来是公职人员的社区矫正对象进行职业道德教育，通过对经济犯进行职业道德和法制观念的教育，使其消除损公肥私、贪小便宜的不良行为习惯，杜绝贪赃枉法行为，改掉不劳而获的恶习，培养良好的文明道德风尚，秉公办事，养成依法办事的良好习惯，懂得任何损公肥私、假公济私的行为都是可耻的。

第十章

常见心理和行为问题预防

心理分为正常和异常两种基本类型。心理异常好理解，是指偏离了正常轨道，出现了心理障碍的状态，需要精神科诊治，此项不列为本书的讨论范围。在心理正常的人中，则比较复杂，包括了心理健康和心理不健康两种状态，后者表现出来的不适被人们称之为心理问题，一般是由一定诱因引发，是短暂的心理现象，容易平复。这一节分析的就是一些常见的心理和行为问题的调节和预防方法。

第一节　心理适应问题

心理是客观的反映，外界环境因素（又称外部诱因）时刻都在影响人的心理过程，在多数情况下人们难以改变环境，只能适应环境，保持心理过程的畅通。适应可以说是人类普遍遇到的问题，从呱呱坠地的婴儿到白发苍苍的老人，时刻都要面对环境适应问题。当然，人对环境普遍具有适应能力，一是具有与生俱来的趋利避害本能，遇到陌生环境能主动适应；二是经过后天的学习，能提高适应环境的心理调节能力。科学家达尔文曾经提出“适者生存”的自然选择法则。根据层级和能力的不同，可将心理适应能力分为三大层次：生存适应、规则适应和社会发展适应。[①]

---

① 叶扬：《罪犯心理适应理论研究》，载《法律实践中的心理学》，马皑主编，中国政法大学出版社，第316–321页。

一、心理适应概念

（一）适应

适应一般包含三重含义：（1）适应是指生物有机体后代的生存能力发生了超过其原种群的改变；（2）适应是指有机体面对自然环境和社会环境中的胁迫因素所采取的降低生理和心理压力，提高生存能力的过程；（3）适应是指生物体的结构或成分在产生某种变化之后对环境条件能自行调整的功能。

（二）心理适应

在普通心理学中，适应是指在同一器官内，由于刺激物的持续作用而使感受性发生变化的心理现象。俗话说："入芝兰之室，久而不闻其香；入鲍鱼之肆，久而不闻其臭。"这是指嗅觉适应。适应现象表现为感受性的降低，唯有视觉的暗适应才能使感受性提高。[①]在社会心理学中，心理适应是指人对社会环境变化做出的积极反应。不能适应环境就可能产生心理适应问题，即个体因不能根据自然环境和社会环境的变化进行针对性调节而产生的心理适应性障碍。

二、心理适应机制

（一）心理适应机制

心理适应是基于人的本能、社会影响和教化作用。

1.本能。

人普遍具有与生俱来的趋利避害本能，以及科学解决现实问题的潜能和能动性，这是心理适应的重要基础。但是，潜能的开发程度和能动性大小因人而异。

2.社会影响。

人普遍受到社会影响，包括社会促进、从众、模仿、暗示和社会

---

① 郭念锋主编：《心理咨询师》（上册），民族出版社2002年版，第16页。

感染等的积极影响，自觉与社会大多数人的价值取向保持一致，遵纪守法，避免惩罚，形成抑恶扬善和邪不胜正的社会环境。

3.教化。

教育培养人们积极的心理适应需要和动机，增强心理适应能力。

心理适应机制见图10–1。

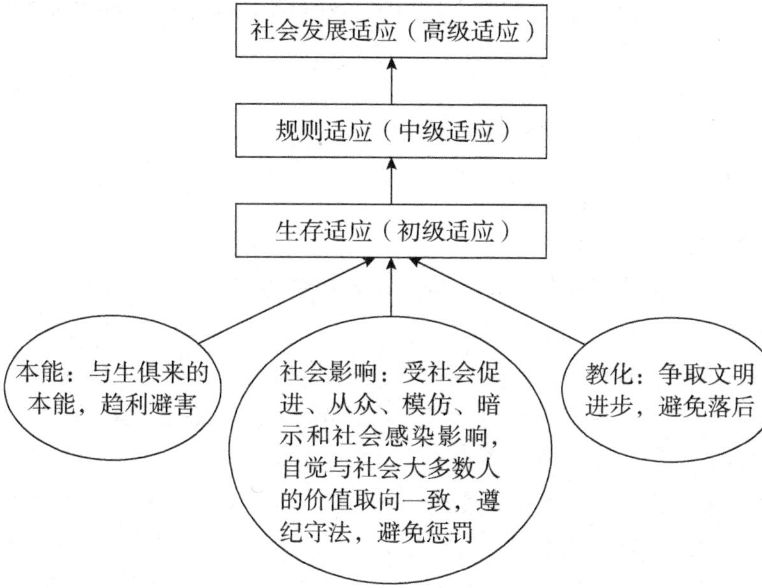

图10–1　心理适应机制

（二）心理适应特点

1.心理适应能力差异。

人的心理适应能力存在明显差异，一些人到新环境需要上述三个方面的共同作用才能形成积极有效的心理适应，另一些人则只需要上述某一因素影响就能形成心理适应。

2.心理适应能力发展方向。

心理适应能力从低级向高级发展，生存适应是初级适应，规则适应是中级适应，社会发展适应是高级适应。只有当下一级心理适应能力基本形成之后才能向高一级心理适应能力发展。

3.心理适应不良的基本表现形式。

心理适应不良的结果是产生适应性焦虑，包括生存适应焦虑（担心不能适应生存环境产生的焦虑）、规则适应焦虑（担心不能适应社会活动和工作规则产生的焦虑）和社会发展适应焦虑（担心不能适应社会发展产生的焦虑）等。

人一辈子都面临发展与适应问题，只有不断增强适应能力才能更好地生存与发展。

三、心理适应问题与调节

（一）生存适应

1.生存适应概念。

生存适应是基础层面的适应，称为初级适应。生存适应能力不单是身体上的适应，还包括适应生存环境，保持身体和心理健康。在趋利避害本能（包括潜能和能动性）和教化作用下，大部分人能够主动、自觉适应环境，保持身体健康和心理健康。相反，如果生存环境适应能力缺失，就会出现各种生存不适应症状。

（1）否定自我。产生不适感、焦虑、抑郁情绪，出现有的大学新生自伤、自残或自杀等现象。这种现象有时防不胜防，如刚入学便自杀。

这类人一般性格比较内向，缺乏与人沟通、交流的能力，遇事多采取内归因方式，自罪自责，适应不良环境和应对突发事件能力差，心理问题积累到严重程度不是发生心理危机，就是产生其他心理疾病。

（2）侵犯、攻击他人。发生偷窃、抢劫或伤害他人等行为。

2020年，某3岁幼童在叫醒患抑郁症的母亲时被其母从七楼扔下身亡。一楼的商户在听到“嘭”的一声后，发现有个孩子落在自家屋顶，赶紧拨打报警电话。中秋节的圆月还没升起，3岁的小宝就匆忙告别了人间。

这类人个性外向、易冲动，遇事外归因，将责任推给社会或他人。容易损害他人利益，甚至犯罪。

（3）心理发展停滞。心理成长是内外因素共同作用的结果，当对环境不适应时必然影响心理的健康发展，有的人心理发展停留在孩提水平。比如，某25岁青年无法像成年人一样正常阅读，只能像小孩翻看连环画一样翻看小说，虽然已经是成年了，但是由于童年家庭环境的恶劣，造成重大心理创伤，导致心理发育停滞在孩提时代。

2.增强生存适应能力的要求。

人要适应社会环境，提高生存质量，则要强身健体、心理健康。一是积极防病治病，以身体健康为基础，促进心理健康，保持身心平衡发展。二是培养积极的认知模式，保持乐观向上的人生态度，要有艰苦奋斗、创业的精神。三是加强情绪管理，积极进行情感训练，培养爱学习、爱劳动的好作风，充分发挥情感的适应功能，人生不如意事十有八九，以不变应万变，才能适应不断变化的环境，立于不败之地。四是增强自控能力，言必行、行必果，培养良好的行为习惯，远离黄赌毒，做一个身体健康和品德高尚的人。

适应能力是培养和锻炼出来的，必须坚持在不同的环境条件下积极锻炼自己，才能不断提高心理适应能力。

（二）规则适应

1.规则适应概念。

社会活动是有规则的，即法律制度和社会行为规范。规则随着社会发展不断变化，人一辈子都要面临规则适应问题。规则适应是中级适应。德才兼备是社会对成员的基本期望，品德败坏和不学无术者为世人所不齿。从牙牙学语的婴儿到头发花白的老人，在社会化和人所具有的趋同性、从众性心理作用下，绝大多数形成了对社会规范的适应。

规则适应内容主要包括：（1）法制适应：遵守法律、法规和制度。（2）行为规范适应：遵守社会公德和职业道德规范。

规则适应层次包括：（1）第一层次是适应制度和规范，这很容易做到，如按时上下班，但由于对违者处罚（或指责）轻微，又最容易违反，行为特点是稳定性差，易波动，反复性大。（2）第二层次是法律和法规适应，具有强制性，违者要承担法律责任，轻易不敢违反，行为特点是危害性大，但惩后少复发，如犯罪被刑罚后重新犯罪的人毕竟是少数。(3）守规则（法）观念的适应是最高层次，守法观念一旦形成，轻易不会改变，并影响行为规范。

规则不适应表现：(1）出现焦虑、抑郁、强迫、自杀等心理、行为问题；(2）违反规则，出现反社会行为，甚至杀人犯罪现象；(3）心理发展停滞等。

规则不适应最先表现为行为失范，进而是违规违纪，重者犯罪。

2.规则适应要求。

(1）社会行为规范适应。规范适应的主要任务是对中华民族传统美德的传承与发展。中国是文明古国、礼仪之邦，重德行、贵礼仪，在世界上素来享有盛誉。中华传统美德概括起来就是中华民族优秀的道德品质、优良的民族精神、崇高的民族气节、高尚的民族情感以及良好的民族习惯的总和。它标志着中华民族的“形”与“魂”。它也是我国人民千百年来处理人际关系、人与社会的关系以及人与自然关系的实践结晶。

“仁、义、礼、智、信”是中华民族传统美德的核心价值理念和基本要求，能够带动整个社会道德体系的发展和社会道德水平的提升，在整个中华民族传统美德中具有重要地位。

自古以来，中华民族传统美德始终是中华民族赖以生存和发展的道德根基和思想基础，始终是中华民族赖以生存和发展的重要精神支柱和精神动力。中华民族传统美德的形成和发展已经有几千年的历史，从口头传承到文字记载，内容博大精深。但归纳起来，历朝历代基本形成共识的内容主要是“仁、义、礼、智、信”五个要素。

“仁”，是指同情、关心和爱护这样的心态，即“仁爱之心”。“仁”，最早出自《尚书》。《尚书》中说：“克宽克仁，彰信兆民。”意思是说，当年商汤用宽恕仁爱之德，明信于天下的百姓。

“义”，是指正当、正直和道义这样的气节，即“正义之气”。“义”的原义是指人的仪表，是人们在人际交往中对亲密友谊、对美好善良的追求。

“礼”，是指礼仪、礼貌和礼节这样的规矩，即“礼仪之规”。

"礼"最初是原始社会祭神祈福的一种习俗和仪式。

"智"，是指辨是非、明善恶和知己识人这样的能力，即"智谋之力"。"智"作为中华传统美德的基本要素之一，很早就出现在文字记载里。孔子常说："君子道有三：仁者不忧，智者不虑，勇者不惧。"

"信"，是指诚实守信、坚定可靠、相互信赖这样的品行，即"诚信之品"。"信"不是简单的诚实，信用才是"信"最基本的内涵。它不仅要求人们在自己的行为上要诚实和守信，同时也反映出人们对某一个事物、某一种理念认识上的坚定可靠，反映出人与人之间、人与物之间相互信赖的关系。缺乏坚定可靠和相互信赖这样一种基础，人们在行为上也难以实现诚实和守信。

那么，如何看待中华民族传统美德"仁、义、礼、智、信"五大基本要素呢？从五大要素的关系来看，它们之间相互关联、相互依存、相互支撑，共同构成了中华民族传统道德大厦的根基，也可以说是道德大厦的支柱。从基本内涵来看，"仁"主要是人与人之间互相关怀、互相尊重和互相爱护的情感，是世间万物共生、和谐相处、协调发展的一种道德规范；"义"是超越自我、正视现实、仗义公道的做人态度；"礼"是建立人际关系、社会秩序的一种标准和规则；"智"是人认识自己、了解社会、解决矛盾、处理问题的眼光和能力；"信"是人们交往和处事的道德准则。"仁、义、礼、智、信"是中华民族传统美德的核心价值理念和基本要求，是青少年要很好遵循的、最重要的五种社会道德规范。

2003年9月11日，中央精神文明建设指导委员会决定，将中央印发《公民道德建设实施纲要》的9月20日定为"公民道德宣传日"，目的是更广泛地动员社会各界关心支持和参与道德建设，使公民道德建设贴近实际、贴近生活、贴近群众，增强针对性和实效性，促进公民道德素质和社会文明程度的提高，为实现中国梦奠定良好的思想道德基础。

（2）法制适应。法制，简言之是法律和制度的总称。法，广义上包含国家颁布的法律、法令、条例、规则、决定、决议、命令等，狭义上则指国家颁布的法律。制度则是部门或单位制定的要求大家共同遵守的办事规程或行动准则，如学习制度、休息制度、工作制度和财务制度等。犯罪表现为两种形式：一是法盲犯罪，不知道自己的行为是犯罪，被抓后才如梦初醒；二是知法犯法，以身试法。

中华法制文化源远流长、博大精深，是教育国民取之不竭的源泉。我国是法制文化的发源地之一，“皋陶造狱”的传说家喻户晓；早在两千多年前的秦王朝，就把依法治国发挥得淋漓尽致；全国人大九届二次会议通过的《宪法修正案》将依法治国、建设社会主义法治国家写进了宪法，我国从此迈进了法治的新时代。

1986年，中共中央宣布全国普法开始，每五年为一个制定周期，有目的、有计划、有步骤地普及法制知识。2001年，中共中央、国务院决定将我国宪法实施的12月4日定为每年的全国法制宣传日。在这一天，部分民众可以进入相关法院参观，近距离了解法制知识和案例。

增强规则适应能力对人们十分重要：一是要加强法制学习，增强法制理念，遵规守纪；二是要养成依法依规办事习惯；三是要敢于与违法犯罪行为做斗争，维护法律的公平正义。

（三）社会发展适应

1.社会发展适应概念。

社会发展适应是高级适应。在本能、教化和社会心理影响下（暗示、模仿和感染），大部分人选择了适应社会发展的心理需要。

在农耕社会，人们日出而作、日落而息，只要身强力壮就可以了，适应社会发展主要靠强壮的身体。

人类进入工业化时代之后，机械化代替手工生产，个人的发展与社会进步主要依靠科学技术，拼体力难有大作为，适应社会发展主要靠掌握高超的技能。

社会发展到信息时代之后，电脑在许多方面代替了人脑，过去要花一两年时间才能完成的工作，现在电脑只需几分钟，甚至几秒钟就能了结，适应社会发展要依靠智能，需要终身学习。

社会发展适应包括：与时俱进，知识和观念不断更新，终身学习进取。社会发展不适应表现为：（1）出现焦虑与躁狂等心理疾病；

（2）杀人或自杀等。

2.社会发展适应调适。

（1）与时俱进的观念更新，观念影响人的行为模式选择。

（2）适时得当的知识更新，是心理发展的动力。

（3）永不停步的工作创新，适应时代发展要求。

第二节　心理压力调节

一、心理压力概念与分类

（一）心理压力概念

心理压力是由外部事件引发的体验，是由压力源和压力反应共同构成的一种认知和行为体验过程。[①]人类对心理压力的适应分为警觉、搏斗和衰竭三阶段。

（二）心理压力分类

压力可以按性质来区分，但是，对临床最有意义的是按强度来区分，因为应对不同强度的压力，产生的临床后果不同。按压力的强度可分为以下三大类：

1.一般单一性压力。

在日常生活中，不可避免地会遭遇到各类生活事件，并且是在生存和发展过程中无法回避的，如完成困难的任务、恋爱失败、婚姻变故、亲人亡故等。如果在生活的某一时间段内，经历着某一种事件并努力去适应它，而且其强度不足以使我们崩溃，那么我们称这时候体验到的压力为一般单一性生活压力。一般单一性生活压力的承受人，后效不完全是负面的。在适应压力过程中，虽然付出了许多生理和心理资源，但是只要在衰竭阶段没有崩溃，并且没有再发生任何事件，

① 中国就业培训技术指导中心编：《心理咨询师》，民族出版社2005年版，第209页。

那么，承受人在经历过一次压力之后，会明显提高自身适应能力。研究证实，经历过各种压力而未被击垮的人，可以积累许多适应压力的经验，从而有利于他应对未来的压力，“吃一堑，长一智”。人们的日常经验也可以证实，自幼处境困难的人，成人之后，更能吃苦耐劳，应对各种压力的能力相对较高，适应能力更强。

2.叠加性压力。

叠加性压力有两类。

第一类，同时性叠加压力。在同一时间里，有若干构成压力的事件发生，这时，当事者所体验到的压力称为同时性叠加压力，俗称“四面楚歌”。

第二类，继时性叠加压力。多个能构成压力的事件相继发生，后继的压力恰恰发生在第一个压力的第二阶段或第三阶段，这时，当事者体验到的压力称为继时性叠加压力，俗称“祸不单行”。

叠加压力是极为严重和难以应对的压力，它给人造成的危害很大。有的人可能在“四面楚歌”中倒下，有的人可能在衰竭阶段又被第二组压力冲垮。

3.破坏性压力。

破坏性压力又称极端压力，包括战争、大地震、空难、遭受攻击、被绑架、被强暴等。人类在实际生活中，此类压力并不罕见。

早在第一次世界大战期间，心理学家就发现了所谓“战场疲劳症”，患有这类疲劳症的人，出现“心理麻痹”，对外界反应减少，情绪沮丧或过度敏感，失眠、焦虑等。越南战争之后，人们将这类“战场疲劳症”纳入所谓“创伤后压力失调”（Post-traumatic stress disorder，PTSD）。

强大自然灾害后的心理反应，有时近似于PTSD，这类情况被称为“灾难症候群”。该症候群的产生及特性有三个阶段：（1）惊吓期。这一阶段里，受害者对创伤和灾难丧失知觉，就像通常所说的“失魂落魄”的状态，事情过后，往往对事件不能回忆。（2）恢复期。在恢复期，受害者才出现焦虑、紧张、失眠、注意力下降等，这与通常所说的“后怕”相仿。在此期间，受害者常常逢人便诉说自己的遭遇，正像电影《祝福》中祥林嫂的表现。（3）康复期。在康复之后，心理重新达到平衡。

对破坏性压力造成的后果，心理干预是必需的。早期的心理干预主要是通过催眠暗示来解除心理障碍，到后来，发现让受害者在社会中与健康人一起工作，或者让PTSD患者与其他类型的受害者共处，对缓解症状比较有利。

二、心理压力的危害

心理压力是个体在生活适应过程中的一种身心紧张状态，源于环境要求与自身应对能力不平衡；这种紧张状态倾向于通过非特异的心理和生理反应表现出来。适度的压力对人有促进作用，过度压力则适得其反。

（一）心理压力过大导致免疫力下降

现代医学研究发现，人的情绪状态和机体的免疫系统之间有着特殊的关系。长期处于紧张的压力下，会对机体的免疫系统产生负面影响。人会出现各种症状，如烦躁不安、精神倦怠、失眠多梦等神经症状，以及心悸、胸闷、四肢乏力、腰酸腿痛和性功能障碍等其他症状。对于女性，还会导致月经不调、痛经和脸色灰暗、有暗斑等。长期压力过大身体会发出超负荷的信号。

1.面色憔悴。

慢性压力发出的警告信号包括：脸色泛黄面容憔悴，动辄与同事发生摩擦，遇事容易烦躁，处理日常事务时注意力容易分散，一紧张就头痛，背部容易拉伤，吃东西难消化以及其他严重的健康问题。

2.出现睡眠问题。

无论是无法入睡还是每天半夜就醒，睡眠问题都可能是工作太累和压力过大的症状。

3.忘记重要事项。

如果你经常忘记家庭聚餐、学校音乐会或家庭出游等个人生活中的重要事项，说明你需要休假，并增加与家人相聚和交流的时间。

4.工作中犯下的错误更多。

无论是财务报告还是客户交易，如果出现的错误比平时更多，可能说明工作超负荷，身心需充电。

5.工作热情消退。

星期一上班不如往日兴奋，或害怕曾经乐在其中的工作，都说明可能需要好好休息了。如果工作时精神萎靡不振，不知为何要工作，那么最好暂时停止工作，好好休假。

6.失去往日的幽默感。

如果经常发现自己不像过去那样笑口常开，或者难以在竞争激烈的职场中找到乐趣，就应考虑歇歇了。

7.小事变成难题。

过去很容易搞定或有效处理的事情，如今却似乎成为难以逾越的障碍。看问题缺乏健康的角度，可能说明心太累。

8.工作过于忘我。

感觉整个生活全都围绕工作，被工作包裹，也是工作超负荷的一大症状，应尽早休假。

9.下班还想工作。

下班之后，大部分时间仍在思考或讨论工作事宜，也可能说明需要重新调整生活工作节奏。

10.暴饮暴食解压。

下班后暴饮暴食等不健康生活方式，都可能是为了应对高压所致。

11.回家无力锻炼。

工作精疲力竭，下班无暇也无力去跑步或进行其他自己喜爱的健身运动，而是一回家就爱躺在沙发上休息。

12.工作老走神。

工作中经常走神，无心工作，对自己的工作目标和健康、部门的目标及管理状况缺少关心，也提示你应该歇歇了。

（二）心理压力过大导致疾病丛生

长期处于紧张的压力下，容易引发身体出现健康问题。生命的真谛在于保持生理和心理上的平衡，即“阴平阳秘，精神乃至”。压力过大可能造成身心失衡引发心血管系统的混乱，容易引发高血压、中风、心脏病，甚至心脏骤停；引发胃肠道系统的紊乱，从而诱发胃溃疡或十二指肠溃疡。长期压力过大还有可能引发牙周病、糖尿病、皮疹、脱发、性能力下降、不孕不育、过度肥胖等。

（三）心理压力过大导致心理疾病

绝大多数心理问题都与心理压力有关。心理压力过大会造成注意力不集中，记忆力下降，理解力、创造力下降；经常担忧，烦躁不安，焦虑。首先，过大的压力让人产生不快乐、抑郁、焦虑、痛苦、不满、悲观以及闷闷不乐的感觉，觉得生活毫无情趣，自制力下降，突然发怒、流泪或是大笑，独立工作能力下降，平时好动的人变得懒惰，平时好静的人变得情绪激动，原本随和的性格突然暴躁易怒，对感官刺激无法容忍和回避，对音乐、电光、家庭成员或部下的交谈声等突然无法容忍。其次，压力大容易使人与他人的矛盾冲突增多，影响工作绩效，使人变得健忘、倦怠、效率降低。最后，心理压力过大的人会变得冷漠而轻率，他们仍然能够处理小问题和日常活动，但不能面对他们担忧的重大问题，无法做出正常决策，进而易做出不负责任的草率行为。

长期处于紧张的状态下，会让某些心理素质差的人产生很强的挫败感。此外，身心疲惫时，人就会丧失竞争的勇气和做好事情的信心，从而产生莫名其妙的烦恼和愤怒、抱怨和忧愁，不少人甚至产生过自杀的念头或实施自杀。

世界卫生组织预测，到21世纪中叶，没有任何一种灾难能像心理危机那样给人们带来持续而深刻的痛苦。美国疾病防控中心介绍，高达90%的疾病与情绪压力有关。

压力过大会使人体对烟、酒、茶、咖啡的依赖性增强，出现强迫行为。很多人在面对压力时，采取吸烟、喝酒、喝咖啡等方式舒缓情绪，缓解压力，解除疲劳。由于生理和心理两方面的作用，尼古丁、咖啡因等物质能使人产生一种轻松愉快的感觉。另外，重复的行为也能够减轻焦虑，如同吃零食、购物一样。这样的效果，会刺激他们继续采取吸烟、喝酒、喝咖啡等方式缓解压力。可是，由于尼古丁、咖啡因、酒精等是成瘾性物质，机体对这些物质会产生耐受性，即必须摄入更多以达到和以前同样的舒适感，从而导致上瘾，后患无穷。

三、心理压力源分析

（一）哲学划分

1.心理压力的外因。

心理压力的外因主要有生活变故、生活琐事、工作压力、面对新环境。

2.心理压力的内因。

心理压力的内因主要有内心矛盾冲突和经历挫折等。所谓挫折，是指个体在某种动机的推动下所要达到的目标受到阻碍，因无法克服而产生的紧张状态与情绪反应。个体在遇到各种挫折情境时，产生心理冲突，有以下三种情况：（1）双趋冲突，即在鱼和熊掌两者之间难以取舍所表现出来的心态。（2）双避冲突，即当个体发现两个目标同时具有威胁性（如患病时在吃药与开刀之间的抉择），试图都要逃避（既不愿吃药，又不想开刀）而又必须择其一时，在左右两难的心理困境下所表现出来的心态。（3）趋避冲突，即当个体遇到单一目标而又同时怀有两个动机（如嗜酒者不得不戒酒）时，一方面好而趋之，另一方面又恶而避之，个体在情感与理性之间处于进退两难的心理困境下所表现出的心态。

（二）心理咨询学划分

1.生物压力源。

这是一组直接阻碍和破坏个体生存与种族延续的事件，包括躯体创伤或疾病、饥饿、性剥夺、睡眠剥夺、噪声、气温变化等。

2.精神性压力源。

这是一组直接阻碍和破坏个体正常精神需求的内在和外在事件，

包括错误的认知结构、个体不良经验、道德冲突以及长期生活经历造成的不良个性心理特点，如易受暗示、多疑、嫉妒、自责、悔恨、怨恨等。

3.社会环境压力源。

这是一组直接阻碍和破坏个体社会需求的事件，分两类：一是纯社会性的，如重大社会变革、重要人际关系破裂（失恋、离婚）、家庭长期冲突、战争和被监禁等；二是由自身（如个人心理障碍、传染病等）造成的人际关系适应问题（如恐惧症、社会交往不良）等。

四、心理压力的调节

（一）消除产生过度心理压力的诱因

心理压力诱因来源于生物、心理和社会因素三大方面。

1.消除生物诱因。

（1）增强身体免疫力。提倡积极的体育锻炼，保持身体健康，增强身体免疫力，平衡身心关系，增强心理平衡能力。

（2）避免超身体负荷工作。平时合理安排工作时间，避免长期加班加点、超负荷工作、劳累过度。

（3）学会放松。合理安排闲暇时间，劳逸结合，保持良好的身体健康状态，让千斤重担变得举重若轻。

2.消除心理诱因。

（1）消除对心理压力认知的误区，科学、辩证地管理压力。不能高估压力，那样会降低应对心理压力的自信，导致自卑；也不能过分看轻心理压力的影响，要科学评估心理压力，持平常心，就能有效应对心理压力。

（2）对心理压力过大可能引发的心理疾病早预防、早根治。有心理问题或心理疾病的人，应对心理压力能力比心理健康者大打折扣，这是不言自明的。反之，一遇困难就畏缩不前，不具知难而进的勇气，此类人很可能有心理问题。心理问题或心理疾病做到早发现、早防治，是保持心理健康最有效的步骤。性格决定命运，当然也包括心理健康，要培养积极向上的个性品质，既要有远大理想，又要有脚踏实地的实干精神，远离假大空的作风，具有务实地处理现实问题的方法和能力，就能增强心理压力的承受力和应对能力。

3.消除社会诱因。

人是生活在社会环境中的，俗话说：一个篱笆三个桩，一个好汉三个帮。无论是建功立业，还是日常生活，建立良好的社会支持系统，与亲朋好友建立良好的交往，培养与人为善的处世态度，乐善好施、助人为乐的品行，在良好的人际关系中进行工作和生活，避免众叛亲离、四面楚歌，保持心理健康，都能提升应对心理压力的效果。

（二）认知过程修通

根据心理通道理论，消除心理问题诱因后，就要进行认知过程的修通。

1.掌握科学的应对心理压力的方法。

压力无处不存，在一定范围之内的压力对心理成长和工作进步有促进作用，压力的危害不仅取决于压力源的大小，也与人对压力的认知评价、消解程度和承受力有关。要提升心理压力的认知管理水平，必须增强心理保健意识，提倡积极的思维模式，提升正能量，保持乐观向上、知足常乐的积极心理状态，提高心理免疫力水平，增强应对压力的自信，充分发挥认知在消解心理压力过程中的积极作用，这是消解心理压力的关键环节，以确保心理通道畅通，科学调节心理平衡。

2.增强应对心理压力的能力。

比如玛丽·居里，年轻时曾经与少爷佐洛斯基相恋。这位英俊聪明，日后也成为著名数学家的佐洛斯基，与她家有亲缘关系。但佐洛斯基的家庭瞧不上玛丽这家穷亲戚，对这段恋情强烈反对。玛丽最后收到佐洛斯基的分手信，收拾着破碎的心离开了祖国。居里夫人曾经说过：那段日子非常难熬，是我一生中最难过的时刻。唯一能让我回忆起来还堪告慰的，是我依然高抬着头，光荣退出。后来居里夫人离开波兰，见到她后来的灵魂伴侣——皮埃尔·居里，他后来成为获诺贝尔奖的科学家。同样是遇到压力或挫折情境，因态度和能力不同的人会有截然不同的结局。能够正确应对压力的人能从绝望中看到希望，培养积极的认知习惯，从容应对。

3.讲究应对心理压力的策略。

在压力面前举重若轻，战略上蔑视困难，战术上重视困难，时刻掌握事态的主动权。认知是所有心理问题的入口，在认知过程中最大限度地化解心理压力，能有效消解压力的危害。

（三）情感过程修通

1.发挥情绪的压抑作用，消除心理压力。

压抑是情绪调节的重要机制之一，将心事压抑到心底，表面看似没什么事，内心深处已将其转化为潜意识状态。

2.发挥情绪的释放作用，消除心理压力。

释放也是情绪调节的重要机制之一，方法分为两大类：一是自我调节；二是专业心理帮助。

自我调节要求保持阳光心态，遇事多商量沟通，有不愉快的事多与同事亲友交谈倾诉，及时清理心理垃圾，将过大心理压力的危害化解在萌芽状态。同时，遇到压力时通过运动、读书看报、娱乐活动等方式及时宣泄，防止心理压力转化为躯体症状，危害身体健康。消除紧张情绪方法比较多，并且都与日常生活相关。

（1）读书。古人曰："腹有诗书气自华。"当你遇到烦恼、忧愁和不快的事时，应首先学会自我解脱，去读一读或翻一翻你喜欢的书，分散心思，改变心态，冷静情绪，减少精神痛苦。

（2）听歌。音乐疗法是治疗心理疾病的一种有效方法。当心情沮丧、闷闷不乐时，听听歌曲，不仅可以享受到一种美的艺术，而且可以陶冶情操，激发热情，兴奋大脑，从中获得生活的力量和勇气。

（3）找点笑料。笑是心理健康的润滑剂，它有利于驱走烦恼，消除心理疲劳。因此，在心情焦虑时，不妨来点幽默，找点笑料。

（4）赏花。赏花是打开心灵的窗户，进行心理按摩的好方法。心烦意乱时，走到阳台上看看花、浇浇水，调整一下情绪；同时还可以散步花园之中，以花为伴，观其千姿争艳，赏其万缕馨香，舒心爽气，心旷神怡，乐在其中。

（5）谈心。俗话说："一个好汉三个帮。"人在失意或受到挫折时，最需要朋友的关照和帮助。此时，走出家门，找自己的知心朋友谈谈心，一吐心中的不快，在善意的劝导、热心的安慰下，精神的痛苦将得以消除。

（6）冥想。经常运用冥想，可以使人达到一种超越自我的精神境界，也是一种很好的放松方法。只需5分钟的时间，就可暂时忘记工作，忘记烦恼，让自己进入一种全新的意境之中。不妨找个清静的地方，采用舒服的姿势坐下来，专注于自己的一呼一吸。刚开始你也许无法把注意力集中于呼吸上，会胡思乱想，不过没关系，坚持一段时间就会见成效。

（7）运动。参与体育运动无疑是一个很好的减压办法。在激烈的奔跑，或者在水中畅游，或者在挥拍激战时，肌肉虽是紧张的，神经却是放松的，大汗淋漓过后，会得到彻底的放松。

（8）泡澡。许多人喜欢在临睡之前泡个热水澡，放松一下紧张了一天的身体。静静地躺在水中，让这种放松的感觉慢慢地流淌到手臂、肩膀直至全身。水温宜在37℃左右，时间在15分钟左右，你还可以尝试一下中草药浴等洗浴方式。

（9）旅游。周末或者假期，可以与家人和朋友到郊外或风景区去欣赏大自然的鬼斧神工。尤其是森林茂密的地区，负氧离子比城里多好几倍。

（10）写日记。写日记是一个很好的发泄渠道。当你有了什么心事，又不便对他人提起，或者有什么委屈和愤恨时，都可以用笔记下来。现在似乎写日记的人越来越少了，其实在写的过程中，你会感到情绪渐渐稳定下来。

（11）上网聊天。登录互联网，把自己内心的各种不良情绪，如苦闷、压抑、不安、愤怒、忧愁等，自由自在、毫无约束地抒发、宣泄出来；同时还能同网友交换看法，既得到别人的安慰，又厘清了自己的思绪。

（12）求助。心绪不佳的人，可以找个可靠的心理咨询师，然后尽情地一吐胸怀，甚至连对最亲近的人也不愿说出的隐衷，也可以毫无顾虑地和盘托出。心理咨询师会像医生治病一样，一步一步把你从烦恼中解救出来。

影响心理压力的因素十分复杂，必须分清主次远近，在分析过程中产生意识层面的领悟，才能达到认知调整和情绪宣泄、心理平衡的效果。

第三节　卖淫嫖娼行为的危害与预防

一、卖淫嫖娼概念

卖淫嫖娼是指不特定的同性之间或者异性之间以金钱、财物为媒介发生性关系的行为，是传播性病、乙肝、艾滋病等疾病的重要途径。

二、卖淫嫖娼的危害

（一）导致性病蔓延

卖淫嫖娼的严重后果之一是导致性病的扩散蔓延。

性病的传染方式主要有性行为、静脉血液、母婴遗传等。其中，卖淫嫖娼则是感染性病的主要途径。有的人嫖娼当天就感到身体发烧，小便不适，下身疼痛。有的人被性病感染后，犹如在身体里埋了定时炸弹，三到五年症状才发作。有的潜伏期更长，达到10年、20年之久。性病一般难以根除，并且容易反复发作。一旦患上性病，则长期受困扰，忧心忡忡，惶惶不可终日，给心理造成极大的痛楚，危害身心健康，特别是已婚的会严重影响夫妻生活，给生活笼罩上一层阴影，后患无穷。

（二）卖淫嫖娼毁灭前程

不仅一些成年人沾染卖淫嫖娼恶习，个别青少年也深受其害。一些在校学生也成了卖淫嫖娼的牺牲品，葬送了自己的大好前程。

嫖娼者有各种各样的心态，有的是出于好奇心，有的是因为对法律的无知，在侥幸心理的作用下走入禁区。有的是被损友引诱而上当受骗。有的青少年是因为观看了黄色淫秽录像后走上歧途。法律是无情的，性病更加无情，许多嫖娼者既不幸感染了性病，又受到执法机关的严惩，轻者罚款，触犯刑律者，还将被依法判刑。

（三）嫖娼危害家庭

某公司一个业务员刚至而立之年，却不老实，到处嫖娼。他先染淋病，后患尖锐湿疣，求诊时，病情已发展到二期梅毒。他的妻子来医院检查，也患了一期梅毒。当这位在家侍奉双亲、抚养儿女的女士得知自己得了这种羞于见人的病时，痛不欲生，闹着要离婚。嫖娼带来了夫妻的分离和家庭的解体。

性病除通过性接触传染外，还可以通过接触被病菌污染的衣物、浴盆、抽水马桶等交叉感染。在家庭成员间通过非性接触传染的可能性大，因为相互间接触机会多。在家里，一个人患有性病，其他人终日人心惶惶，给家庭生活蒙上了一层阴影，毫无家庭幸福可言。

（四）卖淫嫖娼导致犯罪

年仅29岁的徐某，从17岁起当了十几年的村干部，本来前途无量，但他却从看淫秽书刊开始，继而嫖宿娼妓，最后引诱、容留妇女卖淫，从而彻底堕落，走上了犯罪道路。

三、卖淫嫖娼行为预防

（一）认知过程管理

嫖娼是旧社会的一种恶习，中华人民共和国成立后政府用了仅3年时间就使这种丑恶现象从神州大地上消除了。嫖客与妓女之间的关系是地地道道的肉体买卖关系，是严重违背社会道德和法律的行为，它同商品经济中的等价交换有本质的区别。即使是在一些发达的资本主义国家，人们对所谓“性解放”带来的严重社会问题也早已引起了关注，“性解放”导致了成千上万个家庭的破裂，性病的蔓延正在危及许多人的健康。有的人之所以置道德和法律于不顾，大肆进行嫖娼，讲到底是放松了自身的思想政治学习，动摇了人生的信念，丧失了做人的道德准则。在我国，嫖娼的人毕竟是少数，但其危害性不能低估，其严重地污染了社会风气，侵蚀了青少年的思想，必须引起全社会的重视。转变思想观念，加强认知过程管理，明辨是非，理性思考，大家都要自觉地与卖淫嫖娼行为进行斗争，抵制卖淫嫖娼行为，则可以创造良好的社会风气。

（二）情感过程管理

卖淫嫖娼不但违法，更加伤风败俗，有违社会公德，败坏社会风气，要增强对卖淫嫖娼行为的厌恶感和耻辱感，培养高尚品质，远离色情场所。卖淫嫖娼活动之所以在一些地方屡禁不止，除极少数人思想的腐化堕落外，就外部社会环境来说，还同有关部门对宾馆、酒店等服务场所管理不严有关，那种以色情招揽顾客的做法是不对的，社会繁荣就会出现娼妓的观点更是极端错误的。只有社会的安定，才能为社会的繁荣提供保证，对那些以色情招揽顾客的服务项目或单位，必须依法进行整治。特别是以青少年为服务对象的文化、娱乐场所更要杜绝色情现象。

我国对卖淫嫖娼行为的打击历来十分重视，1991年9月4日，第七届全国人民代表大会常务委员会第二十一次会议通过了《关于严禁卖淫嫖娼的决定》。2009年8月27日，第十一届全国人民代表大会常务委员会第十次会议又对该决定进行了修正。

（三）意志过程管理

培养坚强的意志，增强对色情行业和活动的诱惑力，对预防卖淫嫖娼具有重要意义。现代社会由于竞争激烈，生活节奏加快，为了应对日益增大的精神压力，应多采用健康的方式减压，如跑步、体操、球类等体育运动，唱歌、跳舞等文娱活动，不可痴迷于性活动，特别要防止产生依赖性。

有性瘾心理问题或心理障碍的人员，性瘾即指个体出现强烈的、被迫的连续或周期性的性冲动行为，要及时进行专业心理咨询或心理治疗。

第四节 赌博行为预防[①]

一、赌博概念

赌博是指以金钱或金钱以外有经济价值的物品作台面抵押，通过各种形式的输赢较量后，使得上述抵押品在投注人之间有所更易或转移的行为。简言之，赌博是拿钱物比输赢。赌博是丑恶的社会现象，违背社会公德和法律，污染社会风气，有的因赌博变卖家产，甚至卖妻儿，导致家破人亡。赌博是犯罪行为，而且还是滋生其他犯罪活动的温床，赌博诱发许多青少年走上抢劫、盗窃犯罪道路。据某市的统计，在参与赌博被抓获受到处罚的人员中，80%是30岁以下的人员，赌博对青少年的危害可见一斑。

赌博犯罪是指以营利为目的，聚众赌博或者以赌博为业的行为。赌博不仅危害社会秩序，影响生产、工作和生活，还败坏社会风尚，诱发其他犯罪，对社会危害大，应予严厉打击。

二、赌博行为特点

（一）贪欲与冒险心理

在拜金主义思潮影响下，不少人急功近利，追求快速致富，物欲恶性膨胀，当无法通过正当途径满足欲望时，赌博这种冒险手段就成为他们通向发财之路的阶梯。

（二）投机与侥幸心理

赌博的胜负是不规则的，带有极大的随机性和偶然性，迎合了人

① 叶扬编著：《堕落与犯罪》，广东人民出版社1993版，第14–23页。

们以较少的投入获取较多的财富，甚至不劳而获的投机与侥幸取胜心理。赌博的输赢结果，对赌徒是一个强化刺激，使其失去自制力，欲罢不能，至死不悔。

（三）娱乐和消遣心理

赌博多样的形式以及强烈的竞争性和独特的随机性，能满足人们不同层次、不同类型的心理需要。有的人或是为了放松身心，或取其热闹，在激烈的竞争中获得快感，或追求“寂静”，求得精神慰藉，从而误入赌博歧途。然而最终结果大都与娱乐和消遣心理相背离，达到不可收拾的程度。

（四）寻求刺激心理

赌博可以使人们追求刺激的欲望得到满足。它给人带来物质和精神的双重刺激，这种金钱上和心理上的满足会不断强化赌徒的赌博行为。

三、赌博行为危害

（一）赌博危害自己

某市一个年仅14岁的少年因赌博输了钱，进行盗窃，两次共盗窃赃款8000多元，走上了犯罪道路。

青年陈某某，年仅20岁，一天下午上街见一帮人正在赌博，便参赌，几番下来赢了200元钱，想不赌了。然而赌徒熊某某、胡某某等人气势汹汹地叫陈某某退回所赢的200元钱，因此起争执。熊某某、胡某某等人见陈某某不服气，便纠集一帮人追上陈某某大打出手。陈某某见来者不善便从怀里掏出一把匕首，结果熊某某、胡某某当场死于刀下，另外3人满身伤痕，陈某某因此被判刑入狱，皆因赌博惹祸殃。

某单位出纳员李某，因赌博赌掉了两条人命。李某是从玩扑克栽入“赌海”的。起初他只是参与地下赌注，后来在黄某等“赌友”的怂恿下，赌注越下越大，但每每都血本无归，以致赌债累累，其中仅欠赌徒黄某的赌债便达8000多元。为了催还赌债，黄某竟“逼”到李某的办公室来，李某慌了，要是让别人知道自己参赌，追查起赌资来源岂不坏事？想到正是这个黄某把自己一步一步往“赌海”里推，他便萌发了杀人灭口的歹念。一天晚上，李某以还债为借口把黄某诱骗到自己的办公室，趁无人之机用事先准备好的铁锤猛击黄某头部，致黄某当场死亡。被公安机关抓获后，经审讯李某交代他先后挪用单位12万多元去参赌，并贪污12.9万元，因此被依法判处死刑，结束了丑恶的一生。

出自清代人手笔的《小五义》里有这样一首小令《西江月》：“世上诸般皆好，惟有赌博不该，掷骰押宝斗纸牌，最易将人闹坏……败家皆由赌钱来，奉劝回头宜快。”书中还把赌博归纳为12大害处：一坏国法，二坏家教，三坏人品，四坏行业，五坏心术，六坏行止，七坏身命，八坏信义，九坏伦谊，十坏家声，十一坏闺门，十二坏子弟。

（二）赌博危害家庭

一些家长在家里聚赌直接危及子女的健康成长，有的年纪轻轻也跟着学搓麻将，加入赌博行列。某县公安机关破获一宗盗窃自行车案，作案者是3个在校学生，根据他们交代，销赃后所得赃款全部用于搓麻将——参赌，这些都是从他们的家长那里学会搓麻将的后果。

某市一赌徒因借“大耳窿”（指高利贷）的10多万元去赌博，无力偿还而想自杀，被他11岁的儿子发现，儿子写纸条劝父亲：“亲爱的爸爸，你不要死！”但这名赌徒怕累及家人决心以死来抵债，他在纸条上写下：“爸爸不想死，但不得不死。”后来趁家人不备投井自杀身亡。

（三）赌博危害社会

目前一些不法之徒不仅自己赌博，并且把赌博作为一种手段去设置骗局，骗取他人财物。这些人多在公共汽车站、火车站、码头等地进行犯罪活动。个别警惕性不高而又心存贪欲的过往旅客很容易上当受骗，一次被骗几十元，甚至几百元不等。有的连回程的路费都被骗光。

赌博不仅向团伙化，而且向“现代化”发展，目前出现非法六合彩和网络赌博等，对社会安全构成很大的威胁。

四、赌博行为原因

（一）赌博是一种陋习

赌博这种丑恶社会现象由来已久，赌风起源于何时，现在难以考究，但根据现有的材料，早在春秋战国时期，民间就盛行斗鸡，自汉以后，又扩大到斗鸭、斗鹌鹑；晋代风行投骰抓彩和押宝的陋俗；唐宋之际发展了斗蟋蟀；清代则在马吊牌的基础上演化出麻将来；现在发展到扑克、网络赌博等。由于其败坏社会风气、诱发犯罪，对社会危害大，所以历代的统治者都严加禁止。

（二）赌博这种活动本身对法制观念薄弱、精神空虚的人具有较强的吸引力

赌博活动不仅对青少年，而且对中、老年人，特别是那些精神空虚，为了寻求刺激的人具有很强的吸引力，这同赌博活动具有如下几方面的特点有关：（1）赢利性。就是通过赌博攫取不法财物，从开盘押注到赢钱，时间不长，却唾手可得数元、数十元甚至更多。（2）游乐性。人们特别是青少年富有寻求刺激与渴望游乐的心理意识，这种心理意识往往在赌博活动中得到满足，所以很容易被种类繁多且又富于游乐性的赌博活动所吸引。（3）纠合性。赌博是一种多角的角逐，一次参赌者可达几人、十几人甚至几十人，形成一种无形的聚合力，吸引着某些人去参加。（4）反复性。赌徒制约行为的能力往往较差，尤其青少年一经染赌，就容易上瘾，不断参赌、聚赌，不能自拔，最后走上了犯罪道路。

青少年赌博一般以小赌较多，形式有康乐球、扑克牌、打麻将等。在方式上以记数、火柴棍、石头等为筹码，暗算赌资。这类小赌表面上看起来只是消遣而已，实则起着“恶不积不足以灾身”的作用。某市17岁的学生范某，开始时仅以输赢小瓷片为乐，其后发展

到以硬币为赌注，后来因输掉了5元钱学费，去找一位女同学借钱，借钱不成竟将对方杀死，闹出了人命案。赌徒一般都是由小赌到大赌，进而发展到团伙赌博，走向自我毁灭。

概括起来，参赌有如下几方面的原因：（1）没有确立正确的人生观和法制观，放弃了对理想、事业的追求，精神空虚，为寻求精神刺激而参加赌博，将赌博作为一种乐趣，渐渐地走向犯罪的泥潭。（2）认识糊涂，不认为赌博是一种违法犯罪行为，而是把赌博看成一种娱乐方式，划不清赌博与健康文娱活动的界限，因此，误入歧途。（3）把赌博作为发财致富的一种手段，作为谋生的途径，企图通过赌博发大财。

五、赌博行为预防

（一）认知过程预防

贪欲、投机、侥幸等是赌博犯罪的认知特点。预防赌博首先要增强防赌意识，从观念入手，系统地学习科学的人生观念，增强法制观念，深刻反思过去赌博对家庭造成的损失和伤害。

（二）情感过程预防

赌博成瘾者社会责任感和道德感丧失，以赌博作为精神寄托，亲情淡化，情感冷漠，要以认知转变为基础，通过因赌博而倾家荡产或成为阶下囚的反面事例，或者赌博者自身的惨痛教训，激发对赌博的憎恨，重新唤起社会责任感和道德感，警醒迷茫者，教育失足者。

（三）意志过程预防

赌博者意志过程主要问题是冲动性、冒险性和成瘾性等。要戒掉赌瘾，一是要增强自觉性；二是要完善规制，加强约束。在上述基础上，不断提高对赌博危害的认识，对赌博行为产生憎恨，从而增强防赌、劝赌和戒赌自觉性，预防赌博行为发生。从外部环境而言，则要加强预防赌博规制建设，加大打击制约力度，加强综合治理，形成禁赌体系，使他们不想赌，也不敢赌。

对于那些已经到了赌博犯罪边缘的人、那些因赌博犯罪刑满释放人员，要列为重点教育对象，由公安机关和社区有关部门，落实专门人员进行帮助教育，力争把他们从犯罪的边缘拉回，预防他们重新犯罪。符合条件的可送工读学校接受教育。赌博主观上必须具有营利的目的，以娱乐为主带有赌博性的行为不构成赌博罪。赌博行为情节不严重的，依照《中华人民共和国治安管理处罚法》可给予治安管理处罚。对构成赌博罪的，依照《中华人民共和国刑法》第三百零三条可处管制、拘役、3年以下有期徒刑，可并处罚金。

（四）赌瘾戒断

赌博成瘾是一种持久的和反复的有问题的赌博行为，或者其赌博行为不能用躁狂发作来更好地解释，在精神障碍分类中属于非物质相关障碍（DSM-5）。[①]

其诊断标准是：

（1）需要加大赌注去赌博以实现期待的兴奋。

（2）当试图减少或停止赌博时，出现坐立不安或易激惹。

（3）反复地失败控制、减少或停止赌博的努力。

（4）沉湎于赌博（例如，持久的重温过去的赌博出现，预测赌博结果或计划下一次赌博，想尽办法获得金钱去赌博）。

（5）感到痛苦（例如，无助、内疚、焦虑、抑郁）时常赌博。

（6）赌博输钱后，经常在另一天返回去想赢回来（“追回”损失）。

（7）对参与赌博的程度撒谎。

（8）因为赌博已经损失或失去一个重要的关系，工作或教育或事业关系。

（9）依靠他人提供金钱来缓解赌博造成的严重财务状况。

赌博成瘾的戒除要求：（1）还没戒赌的时候，手上尽量不要有

---

① 美国精神医学学会编著：《精神障碍诊断与统计手册（第五版）》，［美］张道龙等译，北京大学出版社，北京大学医学出版社2014年版。

钱。(2)常想赌博把钱输光的害处。(3)建立赚钱和省钱的愿望，如要存钱买房子、娶老婆、买车等。(4)结交良友远离损友，尽量为自己构造一个没有赌局的环境。(5)很重要的一点是，要明白，天上不会掉馅饼，哪怕刚开始的时候赢钱，赌博最终只会把钱输光，时时刻刻记得这一点，天天提醒自己。(6)把时间用在比较有意义的活动上，转移注意力，培养新兴趣。

第五节　酗酒行为预防

一、酗酒概念

酗酒是指无节制地过量饮酒，也指撒酒疯。酗酒能使人不同程度地降低，甚至丧失自控能力，实施某种有伤风化或犯罪的行为。世界各国的犯罪学家都认为，酗酒行为有一定的社会危害性，但他们对危害性的程度认识不同。

嗜酒与酗酒的区别是：酗酒指的是长期、大量地饮酒；嗜酒指的是对酒精失去控制。酗酒是习惯，嗜酒是疾病，也就是酒瘾患者。

二、酗酒行为危害

(一)危害自身

一般认为，少量喝酒对心血管有好处，但是，每天喝酒的量为白酒不超过50毫升，葡萄酒不超过150毫升，啤酒不超过300毫升。然而在宴席上，许多人常常或主动或被迫地喝到呕吐、躺倒为止。不少人每天像赶场似的奔波于各种酒宴之间，没完没了地喝。

医学资料表明，长期酗酒会对人体的五脏六腑、神经系统等都造成比较严重的损害，如会使脂肪堆积在肝脏引起脂肪肝，酗酒使肝癌的发病危险增加2.57倍；酒精刺激会引起胃出血、胃溃疡；因伤害心脏、脾脏、胰腺，容易引起高血压、心血管病、中风和胰腺炎；因伤肾而造成前列腺炎；因伤害神经系统，使人情绪易波动，变得暴躁不安。

经过大量科学研究，专家们发现酗酒对人体有诸多影响。

1.对躯体的影响。

长期大量饮酒很容易诱发前列腺炎，甚至继发性功能障碍，并可造成不育；造成男性生育力低下，受到损伤的精子如果受精，则常会影响胎儿在子宫内的发育，引起流产，有时还会生出畸形儿，或孩子出生后智力差，成为低能儿。孕妇酗酒则可致胎儿头面部发育不正常、心脏畸形，表现为心房间隔缺损；并可能引起胃及十二指肠溃疡、胃出血、酒精中毒性肝炎、脂肪肝，还会增加咽喉、食道、口腔、胰腺、肠等部位癌症的发病率；中年时期过度饮酒者到老年时，其记忆和理解等功能减退的可能性是不喝酒者的4倍。此外，每次喝酒超过1瓶的人患老年痴呆症的可能性显著增加。对躯体的影响具体是：

（1）肾脏。当酒精进入人体后，会抑制抗利尿激素的产生。当身体缺少这类激素后，肾脏对水分的吸收功能就会受到抑制，当体内的水分大量流失后，体液的电解质平衡就会受到破坏，引起恶心、眩晕和头痛等不良症状。

（2）胃。酗酒后胃黏膜就会受到损害，引起黏膜水肿、出血、溃疡和糜烂等症状，严重时可能会导致胃出血现象。

（3）大脑。专家经过研究发现，饮酒超过6分钟后，脑细胞就开始受到破坏。如果长期酗酒的话，记忆力就会出现下降的现象。

（4）骨骼。酗酒后，酒精就会加速体内钙质的流失，很容易出现骨质疏松症状，甚至是骨折。

2.对神经系统的影响。

容易引起小脑变性，表现为步态蹒跚，走直线困难；震颤，轻者双手颤抖，重者颜面的表情肌、舌肌也发生震颤；还可出现周围神经疾病、脑梗死等。

3.产生精神障碍，具体有以下几种：

（1）情绪方面：易产生焦虑、抑郁情绪，特别是形成酒精依赖后，在身体状况不佳、家庭不和、经济水平下降时尤为突出，严重者还可能出现自杀倾向。

（2）容易出现幻觉：多发生在长期饮酒或突然停止饮酒后数日或1—2周内。在神志清醒的状态下产生幻听，内容多是威胁性言语；出现短时幻视，如看见躲在门窗后的人影或闪烁的亮光、地板的条纹变成怪物等。病情可持续数周、数月，甚至长达数年。

（3）出现嫉妒妄想症：长期酗酒的男性，多伴随出现性功能障碍，其中以性欲低下甚至阳痿较多见。在性功能障碍的基础上，他们常产生嫉妒妄想，怀疑妻子不忠而无故谩骂、殴打、侮辱、虐待，甚至威胁要将妻子置于死地等。

（4）出现遗忘综合征：表现为记忆能力发生障碍、近期记忆缺损，对刚刚发生的事情不能回忆，但对多年以前的事情却能正确回忆等。

（5）出现震颤谵妄：多是在慢性中毒的基础上骤然减少酒量或突然戒酒后出现的精神状态的改变。可出现全身颤抖、大量出汗、不安和易怒等症状。常见混淆和记忆丧失，出现各种逼真的、骇人的幻觉。

4. 出现人格改变。

嗜酒成癖后，随着酒精中毒加深，部分患者的人格也将发生显著变化。如有的变得玩世不恭或多愁善感，有的变得待人冷漠或不可理喻等。

人一旦对酒精形成依赖后，在突然停止饮酒或骤然减少饮酒量时会出现很多不适症状，称之为戒酒综合征。有人将戒酒综合征按照出现的时间和严重程度分为三期：一期戒酒综合征一般于戒酒后6—12小时出现，表现为双手震颤，重者可累及双侧整个上肢，甚至是躯干，病情严重者还可出现伸舌震颤，除此之外还常见厌食、失眠、烦躁等症状。二期戒酒综合征出现时间为戒酒后24—72小时，除上述症状外，常出现幻听，内容常为辱骂性或迫害性的，可继发冲动行为，兴奋相对较轻。三期戒酒综合征表现为震颤谵妄，常发生于末次戒酒72小时之后，此时病人意识不清，震颤明显并伴有步态不稳，可出现各种生动的幻觉，如看到各种小动物，病人表现紧张、焦虑、恐惧。病人的记忆力明显受损，部分病人可出现癫痫样抽搐。即使在发达国家，一旦发生震颤谵妄，患者总的死亡率仍可达10%—15%，未经治疗者则更高。所以说，长期饮酒者不能突然停止饮酒。如果高度怀疑对酒精依赖，应该尽早到专科医院治疗。

（二）危害家庭

长期酗酒不但摧残饮酒者本人的身体，也危害家庭的和谐幸福。许多人对不良酒风者恨之入骨，怨声载道。

1. 情绪易激动、乱发脾气、判断力控制不佳、易与家人发生冲突、对外界刺激敏感、有高犯罪率。

2. 配偶与子女常成为暴力行为发泄攻击的对象。

3. 精神恍惚，影响工作效率，影响家庭收入。

4. 亲友疏离，使酗酒者心理承担更大的挫折与压力，而更加自暴自弃。

5. 酒后驾驶是交通事故造成家庭悲剧的罪魁祸首。

酗酒者全然不顾亲人的感受，以自我毒害的方式毁灭着自己。所以在这里，又可以把酗酒定义为一种慢性自杀。

（三）危害社会

酒精受害者常不是饮酒者本身，而是其他无辜的人。例如，在喝酒的情况下开车，不只是对驾驶人和他的乘客，同时也是对无辜的大众生命的轻忽。

酗酒对社会也具有极大危害，因为酗酒是一种病态或异常行为，可构成严重的社会问题。酗酒者通常把酗酒行为作为一种发泄因内心冲突、心理矛盾造成的强烈心理势能的重要方式和途径。酗酒者常通过酗酒以期消除烦恼，减轻空虚、胆怯、内疚、失败等心理感受。如果全社会对酗酒现象熟视无睹，不采取有效措施加以防范，醉鬼们就可能危害社会治安。这并非耸人听闻，我国每年因酗酒肇事立案的案件高达400万起；全国每年有10万人死于车祸，而三分之一以上的交通事故的发生与酗酒及酒后驾车有关。

某监狱在某次新收押的犯人中就有20人是因为酗酒走上犯罪道路

的。这些人中，5人参与抢劫，3人参与强奸，9人伤害他人，2人犯下流氓罪，1人犯下盗窃罪，导致他们犯罪的原因是多方面的，但酗酒却是导致他们犯罪的导火线。青年罪犯彭某酗酒后竟在1小时内奸污两名幼女，当被人民法院依法判处死刑缓刑2年执行时，他不解地说："我就这么一点事，怎么判这么重，我那是闹着玩的……"罪犯王某酒后兽性大作，强奸了亲生女儿，被依法判处有期徒刑13年。适度的饮酒可以给人带来欢乐，但酗酒却造成许许多多的人间悲剧，使这些酒徒走上了犯罪的道路。

三、酗酒行为原因

（一）生物原因

受消极的饮酒亚文化影响，饮酒无度，长此以往，良好的饮食习惯被破坏，饮酒成为生活的寄托，产生严重的酒精依赖，今朝有酒今朝醉成为部分人生活的习惯和信条。

（二）心理因素

酗酒是男性朋友面对负面情绪与压力时最容易采取的应对方式，很明显这种方式有害健康。从心理学的视角，我们在情绪低落时喝酒，其实不是因为酒能解决问题，而是酒精给我们提供了一个信号——我喝酒了，我们这个时候说的话都是不受控制的。这样的信号可以让我们畅所欲言。当然，心情不好时，约朋友喝点酒，然后开始畅所欲言，甚至流泪，其实是不错的舒缓情绪的方式，但若只是为了酗酒而喝酒，或是为了逃避而一味依赖酒精，这种方式则是危险的，甚至后患无穷。

很多酒精成瘾者解释说，自己酗酒的原因是来自生活中的烦恼和种种困难，实际上，酒精成瘾者自己也不清楚酗酒的原因。他们能做的只有盲目和无助地被一种可怕的力量驱使，用酒精来进行自我毁灭。用酗酒的痛苦掩盖另一种痛苦，就像自然界中，有些倒霉的野兽误食了毒药或被火烧伤，因而不顾一切地冲入海中淹死，为逃避一种死亡却招致了另一种死亡一样。

酗酒者有个特点叫口腔性格。拥有这种性格的人，所有满足快乐的方式都是依靠口腔来进行的，同时，他们所有的发泄方式也是通过口腔来进行的。拥有口腔性格的人多数会贪吃、酗酒等，他们用嘴来获得一切安慰。这实际上是一种典型的幼儿报复行为。为什么这么说呢？首先，对饮酒赋予了如同吸食母亲乳汁一般的意义，然而这种意义是虚幻的，是过高的。其次，口腔性格的人实际的攻击性是间接的，而普通人的报复行为则更具有直接性。举个例子，一个成熟的人因为某些正当的理由而生父亲的气，就会把问题摆在桌面上，设法解决这个问题，而不是以酗酒的方式去令他的父亲痛苦伤心。酗酒者身上背负的究竟是怎样的一种痛苦呢？在这里可以用两个字简单概括：矛盾！比如，对于酗酒者而言，不管他们有多么气愤和憎恨，都绝不敢冒险放弃他们紧紧依赖和所爱的对象（如父母）——他们一边渴望得到爱，一边又害怕得到爱。在他们这种爱与恨相互冲突、相互混淆的态度中，真正的始作俑者是他们一度经历的巨大的失望。而造成这种巨大的失望情绪的罪魁祸首，正是酗酒者父母的养育方式：酗酒者的父母往往以有意或者无意的方式，极大地增加了孩子不可避免的失望，他们往往许诺或者在孩子心中勾勒出很多美好的期待与未来，但实际上他们并没有兑现他们的诺言，这间接引发了孩子的酗酒问题。

四、酗酒行为预防

（一）认知管理

转变认知，增强预防意识是关键。在饮酒问题上应该纠正的糊涂观念和错误做法主要有：

1.“今朝有酒今朝醉”“借酒浇愁”。这里表现的是逃避现实、自暴自弃的消极情绪。《增广贤文》说：“药能医假病，酒不解真愁。”

2.片面理解“酒逢知己千杯少”，认为交朋友离不开饮酒作乐。事实上“酒肉之交”未必靠得住。

3.错误地认为“男子汉天生应当会喝酒”。其实，用这种标准来衡量“男子汉”未免失之偏颇。

4.为达到预定目的而特地设酒摆宴。

5.逢场作戏，为“助兴”而即席端杯，或出于好奇而涉足，这种人最容易醉酒。

6.硬着头皮充好汉，在酒桌上，“舍命陪君子”“一醉方休”。这种人大多酒量并不大，总想博取他人好评，而最终往往适得其反。

凡此种种，不一而足。其中不乏陈腐观念和陈规陋习，有些则是嗜酒者的自欺欺人的贪杯“口实”。当您举起酒杯时，不妨思忖一番，您是“为何而饮”“为谁而饮”“今朝饮酒又是为哪般”？

酗酒既铺张浪费，危害社会，也有害于身心健康。全国每年有近万人死于酒精中毒，因纵酒死于心血管病者高达59万人。在医学临床上，酒精中毒者若抢救不及时会在短时间内死亡。如某农场一青年在与“小哥们”聚会中狂饮1斤有余的二锅头酒后回家途中迷了路，掉进未封冻的小溪，当第二天早晨被人发现时，他已经冻成了一条“冰棍”。

研究结果表明，酗酒可以引起急性酒精中毒以致猝死，也就是李时珍告诫的：“过饮不当，杀人顷刻。”据科学分析，人的每升血液中仅含有1克酒精便不能开车，2.5克以上就是严重酒精中毒，3克会导致昏迷，含有5克就会造成死亡。据调查，有烟酒嗜好的人，大都喜欢一边饮酒一边吸烟，认为这是一种生活乐趣，殊不知，烟酒并用，犹如“雪上加霜”，对健康危害甚大。医学研究人员发现，酒精和烟草合在一起对人体产生的危害，比单独饮酒或吸烟更大，因为它们能增强彼此的毒性。有研究表明，大量吸烟加饮酒者的食道癌发病率高于正常人的44倍。专家们发现，烟酒并用者的口腔癌、咽癌、喉癌和其他癌症的发病率较高。专家们的研究还证实，男性口腔癌患者中有76%是烟酒并用者。烟酒的协同作用对孕妇特别危险，容易引起晚期流产。

德国科学家的实验表明，酒精是通过对脑细胞产生障碍作用而破坏行为的指挥能力和协调性的，附着在摄入酒精者大脑细胞表面的一种起“中介”作用的氨基酸转氨酶受到危害，这种“中介”物质起着疏通里外的作用，该细胞受到酒精的影响而产生障碍，直接影响脑细胞对人体行动的指挥，从而出现了行为失控、情绪激昂等反常现象，导致了各种事故和犯罪行为的发生。

（二）情感管理

酗酒者大都有人格缺陷，主要是变态人格、孤独人格和依赖性人格，这些人格缺陷所表现的共同特征是易产生焦虑、紧张、情感冲动、自制能力差等情况。酗酒者常出现过焦虑、抑郁、幻觉或妄想等症状，酒精使人情绪变化无常，时喜时忧，喜怒无常，情绪很不稳定。

1. 建立良好的亲情关系，改变孤独的生活环境，多与家人和亲朋好友交流，广交朋友，不断扩大朋友圈，形成良好的人际交往和互动关系。

2. 寻找科学的情绪宣泄方法。不良情绪需要宣泄，不然压力会将人压垮，但宣泄方式并不局限于饮酒，可以是登山、打球、游泳等体育运动，也可以是轻歌曼舞，与朋友联欢。

（三）意志管理

主要是通过兴趣的转移，改掉酗酒恶习。酗酒者大多自控能力差，行为容易冲动，有的有暴力倾向。对重度酗酒者必须进行治疗和戒酒指导。常用的方法有：

1. 认识疗法结合厌恶疗法。

先在思想深处认识到过量饮酒的危害，并在纸上一一列出，最好再用漫画的形式直观生动地表现出来。比如，画这么几张画：第一张画一个男人在喝酒，一只手摸着隆起的腹部，旁边写着“过量饮酒，肝要硬化”；第二张画一个男子手握酒瓶，和妻子对骂，小孩坐在地上号啕大哭，旁边注明“丈夫酗酒，家庭不和”；第三张可画一个男人醉酒后躺在地上，旁人投来嘲笑和轻蔑的目光，旁边写明“酒鬼无人敬”。饮酒成瘾者饮酒意念十分强烈时，就把这些画取出来看看，逐渐建立起对酒的厌恶情绪。

2.系统脱敏法结合奖励强化法。

它不要求当事人一下子就改掉不良习惯，而是每天逐渐地减少饮酒量。因此它的痛苦性低、戒酒成功率高。戒酒者在这一过程中，若完成了当天应减少的“指标”，自己或亲人应给予一些小奖励，以巩固和强化所取得的成果。为避免心理上若有所失的难熬感觉，戒酒者应积极从事其他一些有兴趣的事情，用新的满足感的获得来抵消旧的满足感的失去。

3.家庭治疗。

酗酒往往给家庭带来不幸，但对其进行制约的最好环境也是家庭。因此，家庭成员应帮助患者，让其了解酒精中毒的危害，树立起戒酒的决心和信心，并与患者约定，定时限量给予酒喝，循序渐进地戒除酒瘾。同时创造良好的家庭气氛，用亲情温情去解除患者的心理症结，使之感受到家庭的温暖。

4.集体疗法。

患者可成立各种戒酒者协会，进行自我教育及互相约束与帮助，达到戒酒的目的。每周聚会1—2次，讨论戒酒方法，介绍戒酒经验，互相勉励，可以取得一定的效果。

5.药物疗法。

对酒精依赖患者可采用药物治疗，在医生的指导下对症治疗。

第六节　吸毒行为预防

一、吸毒概念及方式

（一）吸毒概念

吸毒即吸食毒品。常见的毒品主要有鸦片、海洛因、可卡因、大麻等。

（二）吸毒方式

吸食毒品的方式有口吸、鼻吸、口服、注射等多种方式，但因最初滥用毒品的方式为口鼻吸入，所以将滥用毒品的各种方式习惯统称为“吸毒”。

二、吸毒行为危害

（一）吸毒危害自己

1.吸毒对身体的毒性作用。

毒性作用是指用药剂量过大或用药时间过长引起的对身体的一种有害作用，通常伴有机体的功能失调和组织病理变化。中毒的主要特征有嗜睡、感觉迟钝、运动失调、幻觉、妄想、定向障碍等。

2.戒断反应。

是长期吸毒造成的一种严重和具有潜在致命危险的身心损害，通常在突然终止用药或减少用药剂量后发生。许多吸毒者在没有经济来源购毒、吸毒的情况下，或死于严重的身体戒断反应引起的各种并发症，或由于痛苦难忍而自杀身亡。戒断反应也是吸毒者戒断难的重要原因。根据相关研究，全球毒品戒断巩固率只有9%。[①]

3.精神障碍。

吸毒所致最突出的精神障碍是幻觉和思维障碍。

4.感染性疾病。

静脉注射毒品给滥用者带来感染性合并症，最常见的有化脓性感染和乙型肝炎，及令人担忧的艾滋病。此外，吸毒还会损害神经系统、免疫系统，易感染各种疾病。

吸毒者经过一段时间的吸毒都会不同程度地患上各种疾病。有的人原来是身体壮如牛的青年，吸毒后却弱不禁风、骨瘦如柴。研究毒品的药理专家指出，毒品进入人体后大部分在肝脏进行分解代谢，由于长期慢性中毒并导致肝炎、肝硬化以致死亡。某市有一青年由于吸毒，下颌的一排牙齿全部掉光，皮肤变得焦黄，呆若木鸡，手脚布满

---

① 平静等：《刍议“毒转非”困境与政策突破》，载《犯罪与改造研究》2018年第5期，第15页。

褐色斑点。由于长期注射毒品，他的手臂静脉血管全部硬化，上面布满密密麻麻的针眼，有一次他毒瘾发作后呼吸困难，医生给他打吊针时，在他的手臂上竟找不到可以下针的地方。最后，在他的脚底下才把针扎进去，他凄然地说："毒瘾一来，比患大病还难受，烦躁不安，疲乏失眠，出汗不已，腹痛吐泻，流涎、流涕、流泪全来，种种折磨难挨，真是慢性自杀，真想一死了之。"

（二）吸毒危害家庭

毒品不仅会像魔鬼一样吞噬吸毒者的躯体，而且会毁灭吸毒者的家庭，不少人因吸毒而无心工作，游手好闲，以致工作事业荒废。家庭中一旦出现了吸毒者，家便不成家了。吸毒者在自我毁灭的同时，也破坏自己的家庭，因吸毒耗资巨大，造成倾家荡产、债台高筑、妻离子散、亲者成仇，甚至家破人亡的困难境地。某市一个姓黎的个体运输户，在不到两年的时间，就花去80多万元吸毒，搞得全家破产，生活无着。某市一个姓王的青年，在上海、深圳开发廊，生意不错，但他染上毒品之后，一年多时间里就吸掉几万元，自己的积蓄花光了，他又去偷父亲的存折买"白粉"，使他父亲气病，母亲住院，全家人被他推进灾难之中。

（三）吸毒危害社会

吸毒离不开大量的金钱。巨大的开支对于一般的人是难以承受的，但由于生理和心理上对毒品的依赖性，吸毒者往往采取以贩养吸、以抢养吸、以盗养吸等违法手段来获取毒资，满足毒瘾，由此而走上一人吸毒，全家遭殃，祸及社会的犯罪道路。

根据大量的调查分析，吸毒者筹资的过程是自己掏钱（含变卖家产），向亲朋伸手，走上犯罪道路，从而危害家庭、危害社会，最后走向灭亡。

三、吸毒行为原因

寻求刺激，好奇心驱使，感到挫折失望寻求解脱，受同伴、家庭、亲友影响，受贩毒者诱骗教唆，身患疾病等都可以成为诱发人们吸毒的原因。

（一）错误的人生观、价值观

有一个“少年得志”的19岁青年，用海外亲人汇来的钱办起一间工厂，很快便“发”了，他后来已不满足于各种高消费，萌生出一种“别人有的我要有，别人没有的我也要有”的虚荣心理。一次，他吸了朋友带来的一盒号称比黄金还贵20倍的“特制××牌”香烟，之后染上了毒瘾，4年间他变得一贫如洗，靠偷汽车维持吸毒，最后落得锒铛入狱的下场。

（二）受好奇心驱使和虚荣心强容易吸毒①

某大学女学生，原是高才生，长相娇俏，平时常被一些“白马王子”约去舞厅、卡拉OK厅，后来玩腻了，一个女友人便带她到“快乐屋”去见识一下。在一个烟雾弥漫的房间，她见到一群男女躺在床上吞云吐雾，空气中那股奇妙的气味令她感到兴奋，她好奇地尝试了几口，此后便一发不可收拾，直至上瘾，如果一天不吸，就感到浑身发热、疼痛、焦虑、烦躁、口水鼻涕直流，为了维持吸毒所需的金钱，去偷、去抢、去骗，最后不得不卖身换钱，沦为囚犯。一个年轻有为的女大学生，就因一念之差，误上毒船而被毒海淹没。

（三）家庭教育失当或缺位，生活受挫折走上歧途

有的吸毒者，由于事业、工作、学习上的挫折或受到婚恋失意、家庭破裂、生意破产、高考落榜等打击，在精神极度苦闷、空虚时，企图以毒品来麻醉自己，以求解脱，结果陷进“毒坑”。某市有一对夫妇，丈夫违法被送劳教，他的妻子在精神苦闷时，就在毒品上寻求发泄和安慰，丈夫劳教回来看见妻子吸毒，他也吸上了，这对夫妻痛

① 陈欣等：《云南省强戒人员复吸原因分析与对策研究》，载《犯罪与改造研究》2019年第6期，第15–21页。

苦地说："我们除了一个5岁的孩子以外，什么都没有了。"还有一个高中毕业的女青年，因高考落第而暗自伤感，加上家长冷言相讥，更加增添她的苦闷和消沉，她百般自卑无法解脱，一个"好心人"对她说吸几口"白粉"就能解闷，她全无理智地以身试毒，结果染上毒瘾而不能自拔。

（四）认识模糊，自陷"毒坑"

有些人并不认为毒品是魔鬼，而认为吸食它是一种"时髦"，够派头，显身份，有的人认为吸食它可以提神醒脑，有的人认为它可以治病，所以怀着好奇心去尝试，结果试上几口就陷进"毒坑"。27岁的青年王某某，有个幸福的家庭，平时他经常同一些"兄弟"出入饭店酒楼，一天他感到牙痛，他的"兄弟"们便向他介绍吃"白粉"即可治病，够刺激又有身份，开始他试吸一口，只觉得精神很好，牙痛也减轻了。从此，他一次又一次吸食"白粉"，结果陷入深渊而不能自拔。为了支付巨大的吸毒开支，他只好结伙去盗窃汽车，被公安机关逮捕入狱。

（五）误交毒友，交叉感染

有些吸毒者，初时由于交友不慎，受到一些有吸毒行为的狐朋狗友的影响，不知不觉地陷进了"毒坑"。年仅28岁的梁某某，因吸毒贩毒犯罪而被依法判决，结束了年轻的生命。他原是经营烟酒、饮料的个体户，为何得到这种下场呢？根源在于他那个姓黄的朋友送给他的"×××牌"香烟，他第一次吸了觉得"得劲"，上瘾后他没有这种香烟抽，便感到浑身难受，他问姓黄的朋友："这是什么烟？能否代买一些？"朋友黄某告诉他："这是特别的'白粉'。"此时梁某某虽感到吃惊，但已不能自拔，他的吸毒费用大得惊人，个体商店的全部收入都不够支付，这时他的朋友就叫他贩毒，从中获利以满足吸毒之需。就这样，梁某某从个体商店的老板变成吸毒进而贩毒的犯罪分子，终于受到法律的惩罚。经调查，吸毒者大部分是在好奇心的驱使下，经有吸毒行为的人（即"毒友"）引诱而吸毒的。

根据对86名有吸毒史的罪犯相关情况的调查[①]，结果是触目惊心的。

第一，吸毒时间。5年以下的占48.83%；5—10年的占43.02%；10年以上的占8.14%。有5年以上吸毒史的罪犯占了51.17%，这些人毒瘾较深，入监后大部分都出现与毒品戒断有关的症状而影响改造。

第二，吸毒主要原因。(1)出于好奇吸毒的占53.49%，占大多数，这是对毒品危害的无知；(2)精神空虚吸毒的占27.91%；(3)别人引诱吸毒的占18.60%。

第三，所花毒资。3万元以下的仅占28.57%；3万—10万元的高达39.29%；10万元以上的占32.14%，这对于大部分来自农村的罪犯家庭来说几乎是倾家荡产，有的举债吸毒，如今债台高筑，有的人已经妻离子散。

第四，心理健康状况。用症状自评量表（SCL–90）测试结果显示，交回有效问卷的83人中有62人心理不健康，占75.61%，而全监罪犯心理不健康的比例仅占58.24%，比全监平均数高17.37个百分点，可见有吸毒史的罪犯心理健康状况相对较差，对他们进行有针对性的分类矫治是十分必要的。

第五，身体健康状况。目前经常头痛的占26.44%；内脏器官感觉有问题（心、肝、肺、胃等）的占41.48%，所占比例最大；患过性病的占4.60%；认为身体健康的只有27.59%。吸毒对他们的生理和心理都造成了严重的摧残，有的百病缠身，痛不欲生。

第六，家庭社会关系。与亲人关系很好的占55.81%；与亲人关系一般的占30.23%；与亲人关系很紧张的达13.95%，这严重影响改造。

第七，服刑改造态度。对改造有信心的占69.77%；对前途悲观的占26.74%；持得过且过态度的占3.49%。

---

① 广东省阳春监狱：《对有吸毒史罪犯团体心理辅导的探索》，载《犯罪与改造研究》2005年第8期，第32–34页。

四、吸毒行为预防

（一）认知管理

要正确认识毒品的危害，才能严防吸毒。

人们必须深刻认识毒品的危害，同吸毒行为进行坚决的斗争，才能最后战胜毒品的侵害。遗憾的是，至今有些人对于什么是毒品还一无所知，对于毒品对人体、对社会的危害缺乏起码的认识，受到了毒品的侵害仍把吸毒视为“高级享受”，许多青少年甚至带着好奇心走进了“毒坑”。某戒毒所的一项调查表明：吸毒的青年中因好奇心而吸毒的占总数的43.8%，受毒贩子诱骗而吸毒的占25%，为寻求刺激而吸毒的占22.1%。针对这种状况，需要在全社会，特别是青少年中进行广泛的禁毒教育，提高对吸毒危害性的认识，否则吸毒上瘾就会出现倾家荡产等不堪设想的后果。

禁毒重在预防。因此，务必在全社会大张旗鼓地开展禁毒教育宣传工作，宣传禁毒的法律知识，使全社会充分认清毒品的危害。同时，加大执法力度，严厉打击毒品犯罪活动，严惩毒品犯罪分子，对吸毒人员采取强制的办法，戒除毒瘾，净化社会环境，铲除滋生毒祸的土壤。在1991—1996年，我国强制戒毒达37万人次，劳教戒毒达10万人次，使许多人戒除了毒瘾，开始新的生活。

（二）情感管理

人要有高尚的情操和人生追求，心理空虚的人很容易走进“毒坑”。比如，年仅18岁的冯某，只读完初中二年级就辍学了，精神上的空虚使她与社会上的“三教九流”搭上关系，经常有家不归，有工作不做，到处游玩，后来在朋友黄某处见到其偷偷抽鸦片，看到他醉生梦死的样子，怀着好奇心，她尝试着抽了一口，就在这第一口的吸引下，她连续抽了4个月，直到家人发现她精神萎靡不振，体重明显下降，经追问才得知她染上了毒瘾，家人便强制她戒毒，可是戒毒不足一个月，她又瞒着家人吸起毒来，后来在吸毒时被公安机关抓获并强制戒毒。毒品毁灭了她美好的青春。

（三）意志管理

磨炼坚强的意志，增强抗诱惑能力。毒品对人具有一定的诱惑力，意志和控制能力差的人很容易成为毒品的俘虏，有的人吸毒一经上瘾，任凭家人如何劝阻也无济于事，有的人即使进了戒毒所戒了毒，出来后由于受到“老道友”的诱惑，一吸又会重新上瘾，屡戒屡败，没有坚强的意志和控制能力不易摆脱对毒品的依赖性。青少年要树立正确的人生观和信念，积极参加各种有益的文体活动，努力学习，倡导科学文明的生活方式，养成良好的品德修养和生活习惯，提高对外界不良诱惑的防御能力，预防吸毒。

我国刑法规定，走私、贩卖、运输、制造、非法持有毒品均为犯罪行为。毒品犯罪主要包括走私、贩卖、运输、制造毒品罪，非法持有毒品罪，包庇毒品犯罪分子罪，窝藏、转移、隐瞒毒品、毒赃罪，走私制毒物品罪，非法买卖制毒物品罪，非法种植毒品原植物罪，非法买卖、运输、携带、持有毒品原植物种子、幼苗罪，引诱、教唆、欺骗他人吸毒罪，强迫他人吸毒罪，容留他人吸毒罪，非法提供麻醉药品、精神药品罪。

尚不构成犯罪的，根据《中华人民共和国治安处罚法》给予治安处罚。

五、戒毒

（一）戒毒的概念和标准

什么叫戒毒？所谓戒毒是指吸毒成瘾者在专门机构和人员的指导和管理下，采取医疗、心理治疗和劳动康复等手段，戒除对毒品的瘾癖的一种措施。戒毒要到专门机构并在专业人员的指导下进行，才能真正收到效果，简单地听信一些庸医打几针，随便服药，充其量只能暂时减少一下毒品残存在体内的含量，对毒品在心理上所产生的依赖性是不容易戒除的，相反经过多次戒毒的反复会增加彻底戒除的难度。

戒毒成功有两条标准：（1）清除毒品在体内的残留，即“脱毒”；

（2）戒除心理上对毒品的依赖性，即“心瘾”。要清除残留在吸毒者体内的毒素，除停止吸毒外，还要在专门医疗机构和人员的指导下，进行药物化学处理，一般可达到“脱毒”的目的。心瘾的戒除则不是药物所能实现的，要实行管教、强制措施，并助之以法律、道德、人生观教育，安排生产劳动和文体活动等，可见戒毒确是一项十分艰巨的工作，是一项系统工程。

（二）戒毒法律依据

《中华人民共和国戒毒条例》已于2011年6月22日经国务院第160次常务会议通过，并自公布之日起施行。2018年9月根据《国务院关于修改部分行政法规的决定》进行修订，根据条例，县级以上人民政府应当建立政府统一领导，禁毒委员会组织、协调、指导，有关部门各负其责，社会力量广泛参与的戒毒工作体制；戒毒工作坚持以人为本、科学戒毒、综合矫治、关怀救助的原则，采取自愿戒毒、社区戒毒、强制隔离戒毒、社区康复等多种措施，建立戒毒治疗、康复指导、救助服务兼备的工作体系。

（三）戒毒方式

1. 自愿戒毒。

自愿戒毒是戒毒的专门机构根据禁毒工作的需要，为满足吸毒者及其亲属的要求，接纳自愿要求戒毒的吸毒者进行戒毒的戒毒方式。

2. 强制戒毒。

强制戒毒是指政府部门依法对吸毒成瘾者实行强制性的治疗、教育、管理、康复的措施。

吸毒成瘾人员有《中华人民共和国禁毒法》第三十八条第一款所列情形之一的，由县级以上人民政府公安机关作出强制隔离戒毒的决定：（1）拒绝接受社区戒毒的；（2）在社区戒毒期间吸食、注射毒品的；（3）严重违反社区戒毒协议的；（4）经社区戒毒、强制隔离戒毒后再次吸食、注射毒品的。

由县级、设区的市级人民政府公安机关作出强制隔离戒毒的决定。对于吸毒成瘾严重，通过社区戒毒难以戒除毒瘾的人员，县级、设区的市级人民政府公安机关可以直接作出强制隔离戒毒的决定。吸毒成瘾人员自愿接受强制隔离戒毒的，经强制隔离戒毒场所所在地县级、设区的市级人民政府公安机关同意，可以进入强制隔离戒毒场所戒毒。强制隔离戒毒场所应当与其就戒毒治疗期限、戒毒治疗措施等作出约定。

强制隔离戒毒的期限为2年，自作出强制隔离戒毒决定之日起计算。被强制隔离戒毒的人员在公安机关的强制隔离戒毒场所执行强制隔离戒毒3个月至6个月后，转至司法行政部门的强制隔离戒毒场所继续执行强制隔离戒毒。

在戒毒工作中取得显著成绩的昆明市强制戒毒所，从1989年成立至今，已经创造出“昆明模式”。他们所创造的“昆明模式”特点是：以降低复吸率为标准，开展两种形式戒毒和四种管理办法，强调整体效应。两种形式即自愿戒毒和强制戒毒，强制戒毒时间为3个月，其中入所后的7—10天为药物脱瘾期，11—50天为以教育为主的心理治疗期，51—90天为劳动康复期。自愿戒毒时间为2个月。四种管理办法是医院化治疗、学校化教育、军事化生活和劳动化康复。

（四）戒毒的基本要求

吸毒是一种个人行为，戒毒也是一种个人行为。但吸毒又是一种社会现象，需要社会来研究解决。吸毒是由毒品本身的特性（成瘾性）、吸毒者个人的条件（意志薄弱经不起诱惑，好奇心的驱使等）和社会环境（主要是毒源和大批贩毒、吸毒人员的存在，对毒品犯罪打击不及时等）三者相互作用的结果，要做好戒毒工作，也要从毒品、个人和环境三个方面进行统筹考虑，制订戒毒、禁毒方案。现在戒毒工作遇到的问题：一是没有特效的药物；二是心瘾难断，回去及复吸率高。如何使吸毒人员戒断毒瘾及形成对社会行为规范要求的适应性是戒毒工作的重要内容，否则一遇到毒品，心瘾发作又复吸，戒毒成果将前功尽弃。

图书在版编目 (CIP) 数据

中国社区矫正对象心理矫治教程 / 叶扬著 . —北京：中国法制出版社，2021.11（2023.7重印）

ISBN 978-7-5216-2004-7

Ⅰ. ①中…　Ⅱ. ①叶…　Ⅲ. ①监外执行－犯罪分子－心理健康－健康教育－教材　Ⅳ. ① D916.7

中国版本图书馆 CIP 数据核字（2021）第 211166 号

责任编辑：李佳　　　　封面设计：杨泽江

中国社区矫正对象心理矫治教程

ZHONGGUO SHEQU JIAOZHENG DUIXIANG XINLI JIAOZHI JIAOCHENG

著者 / 叶扬

经销 / 新华书店

印刷 / 北京虎彩文化传播有限公司

开本 / 880 毫米 ×1230 毫米　32 开　　　　印张 / 7.5　字数 / 216 千

版次 / 2021 年 11 月第 1 版　　　　2023 年 7 月第 2 次印刷

中国法制出版社出版

书号 ISBN 978-7-5216-2004-7　　　　定价：45.00 元

北京市西城区西便门西里甲 16 号西便门办公区　　　　传真：010-63141852

邮政编码：100053

网址：http://www.zgfzs.com　　　　**编辑部电话：010-66053217**

市场营销部电话：010-63141612　　　　**印务部电话：010-63141606**

（如有印装质量问题，请与本社印务部联系。）